W0373414

Small Talk

Die Kunst des
lockeren Gesprächs

Jürgen Hesse
Hans Christian Schrader

Small Talk

Die Kunst des
lockeren Gesprächs

Eichborn.

Für die Mitarbeit danken wir Frank Villalobo

Die Autoren

Jürgen Hesse, Jg. 1951, Diplompsychologe im Büro für Berufsstrategie, Geschäftsführer der Telefonseelsorge Berlin e. V.
Hans Christian Schrader, Jg. 1952, Diplompsychologe am Krankenhaus Am Urban (Abt. Psychotherapie/Psychosomatik) in Berlin.

Diverse gemeinsame Veröffentlichungen, u. a.: *Testaufgaben; Neue Bewerbungsstrategien für Hochschulabsolventen; Bewerbungsstrategien für Führungskräfte; Optimale Bewerbungsunterlagen; Die überzeugende schriftliche Bewerbung; Das erfolgreiche Vorstellungsgespräch; Assessment Center; Marketing in eigener Sache; Der erfolgreiche Arbeitsplatzwechsel; Mehr Geld durch erfolgreiche Gehaltsverhandlungen* (alle im Eichborn Verlag).

Anschrift der Autoren
Büro für Berufsstrategie
Hesse/Schrader
Oranienburger Straße 4–5
10178 Berlin
Tel. 030 / 28 88 57-6
Fax 030 / 28 88 57-36
www.berufsstrategie.de

5 04 03

© Eichborn AG, Frankfurt am Main, November 2001
Lektorat: Marit Borcherding
Umschlaggestaltung: Christina Hucke
Satz, Druck und Bindung: Fuldaer Verlagsagentur, Fulda
ISBN 3-8218-3813-2

Verlagsverzeichnis schickt gern:
Eichborn AG, Kaiserstraße 66, D-60329 Frankfurt am Main
www.eichborn.de

Inhalt

Fast-Reader – Orientierung für eilige Leser

Auf andere Menschen offen und unverkrampft zugehen, auf angenehm ungezwungene Weise ins Gespräch kommen, eine gute Atmosphäre schaffen, seine Kontakt- und Kommunikationsfähigkeit unter Beweis stellen – wer möchte das nicht?

Nicht nur bei der Wahrnehmung von Karrierechancen spielen Souveränität und Beziehungsmanagement, soziale Kompetenz und emotionale Intelligenz im Umgang mit anderen Menschen eine entscheidende Rolle. Networking, PR in eigener Sache betreiben, Sympathie mobilisieren und intelligent kommunizieren sind Verhaltensweisen, auf die es ankommt. Wer das Richtige im rechten Moment zu sagen weiß, ist im Vorteil und profitiert – im Leben ganz allgemein und in der Arbeitswelt im Besonderen. Die Fähigkeit zum Small Talk ist ein wichtiger Baustein für denjenigen, der im Beruflichen wie im Privaten Erfolg haben will.

In diesem Buch geht es um:

- soziale Intelligenz und intelligente Kommunikation
- die Psychologie des ersten Eindrucks
- Selbstdarstellung, Kleidung und Körpersprache
- Unsicherheit, Gesprächseröffnung und Rhetorik
- Themen, über die man immer sprechen kann
- das Gespräch mit Kollegen, Kunden und Vorgesetzten
- Networking und Beziehungsmanagement

Es geht um Small Talk im Arbeitsalltag, und nicht nur dort. Erleben und lernen Sie, wie kleine Gespräche eine Riesenwirkung entfalten können. Lernen Sie, Kontakte zu knüpfen, statt nach Worten zu suchen, auf andere zuzugehen und einfach ein Gespräch anzufangen. Entwickeln Sie ein Gespür für die Kraft der Worte und dafür, wie Sympathie entsteht, wie Sie durch Fragen weiterkommen und wie

Sie Selbstbewusstsein, Selbstwertgefühl und Selbstvertrauen entwickeln.

Small Talk: Dieses Buch zeigt Ihnen, was das ist, worauf es dabei ankommt und wie es Ihnen gelingt, darin erfolgreich zu sein. – Alles über die Kunst der lockeren Kommunikation – ist das nicht verlockend?

Small Talk

Das kleine Gespräch mit der großen Wirkung

Ob auf Konferenzen oder Messen, bei Verhandlungen oder Geschäftsessen, in der Abfluglobby oder im ICE – wem es gelingt, auf angenehm ungezwungene Weise Kontakt zu seinen Mitmenschen herzustellen, eine gute Atmosphäre zu schaffen, sich sympathisch und souverän zu präsentieren, der hat mehr als nur halb gewonnen. Doch locker, leicht und zudem wirkungsvoll zu kommunizieren, vielleicht auch nur einfach ins Gespräch zu kommen, will gelernt sein und muss geübt werden. Es ist eine hohe Kunst, die hier zu Lande zu Unrecht relativ gering geschätzt wird.

»Conversation on everyday but not important topics.« So britisch unterkühlt und zugleich präzise definiert das *Oxford Advanced Learner's Dictionary* den Begriff »Small Talk«: Unterhaltung über alltägliche, aber nicht wichtige Themen.

Ganz offenbar geht es nicht um Tiefschürfendes, wenn zwei oder mehrere Gesprächspartner beim Small Talk miteinander reden. Das kleine, beiläufige Gespräch scheint nicht mehr zu sein als eine Einladung zur Oberflächlichkeit: wichtigtuerisches Blabla über so weltbewegende Dinge wie das Wetter oder das Wohlbefinden des Hundes, wobei man nicht vergessen darf, den kleinen Finger weit von seinem Sektglas abzuspreizen. – So oder so ähnlich stellen sich die meisten Menschen Small Talk vor.

Dass diese Vorstellungen nicht gerechtfertigt sind, möchten wir Ihnen mit unserem Buch aufzeigen. Denn miteinander sprechen bedeutet, Gefühle und Gedanken in Worte zu fassen, und das ist ein grundlegendes Bedürfnis des Menschen als soziales Wesen.

Nicht jedes von uns begonnene Gespräch muss die Umwälzung des Rechtsstaates zum Inhalt oder gar zur Folge haben, nicht aus jeder Urlaubsbekanntschaft muss eine Freundschaft fürs Leben entstehen.

Mancher von Ihnen hat möglicherweise von einer Einrichtung namens Assessment Center (AC) gehört oder gelesen, sie vielleicht selbst schon erlebt oder gar erlitten. ACs werden von vielen Unternehmen veranstaltet, um über Zeugnisse und Vorstellungsgespräch hinaus bestimmte Persönlichkeitsmerkmale ihrer Bewerber herauszufinden. »Party-Gespräch« heißt eine der Aufgaben solcher Assessment Center: Die Teilnehmer werden aufgefordert, sich einander vorzustellen. Man soll möglichst viel über seinen Gesprächspartner in Erfahrung bringen und diese Erkenntnisse später reproduzieren.

Das lockere Plaudern auf einer Party ist ein klassisches Beispiel für Small Talk. Hier, wie in den meisten anderen Gesprächssituationen, geht es um die wie auch immer motivierte Neugier auf einen anderen Menschen. Wir wollen etwas über ihn erfahren – und er über uns. Das schafft Anknüpfungspunkte für weitere Gespräche und Kontakte – sei es einfach nur aus Sympathie oder aus Nützlichkeitserwägungen. Mit dem Interesse, das ich meinem Gesprächspartner entgegenbringe, erwerbe ich die Wertschätzung und die Offenheit, die ich mir für mich selbst auch wünsche.

Small Talk ist ein Stück Lebensart – eine taktvolle und zugleich herzliche Form des Umgangs miteinander. Vermutlich werden Sie jetzt protestieren, weil Sie an »Benimm-Regeln« denken, diese sinnentleerte Sammlung von Formalismen, mit denen Eltern und Lehrer uns einst traktiert haben. Doch seien wir ehrlich: Umgangsformen – richtig verstanden – basieren auf dem Respekt vor anderen Menschen. Begegnen wir Anderen mit Respekt und Interesse, wird man uns ebenso entgegentreten. Wie man in den Wald hineinruft, so schallt es heraus. Wenn es – buchstäblich – in demselben guten Ton hin- und herschallt, ist das eine Bereicherung für beide Seiten.

Und doch verknüpft sich mit Small Talk nicht nur Lebensart. Man kann aus dieser Form der Konversation auch neue Informationen gewinnen. Diese sind vermutlich nicht immer von entscheidender Bedeutung, doch auch hinter scheinbar Belanglosem können sich Schätze verbergen.

Warum besuchen Angehörige aller möglichen Berufsgruppen, wie zum Beispiel Ärzte, gern und häufig Kongresse, Tagungen und andere Zusammenkünfte? Natürlich auch, um sich fachlich auf dem Laufenden zu halten. Jedoch sind solche Veranstaltungen immer auch eine gern in Anspruch genommene Nachrichtenbörse über Menschen und Ereignisse: Wer ist der neue Chefarzt für Innere Medizin am Uniklinikum X? – Ja, der Kollege Y arbeitet an einer bahnbrechenden Verbesserung der Methode bei Augenoperationen. – Professor Z. veröffentlicht jetzt mehr und mehr in amerikanischen Fachzeitschriften. – Ach, Sie haben auch Anfang der 80er Jahre in Heidelberg studiert. Kennen Sie da noch den Tobias Tegtmayer? Der übernimmt jetzt den Lehrstuhl für forensische Psychiatrie an der Uni Würzburg. – Ja, ich bin jetzt Privatdozent für Unfallchirurgie an der Charité. – Usw. usf. Auch die in diesen Kreisen notorische Frage nach dem Handicap (beim Golfspielen natürlich) kann menschliche Brücken zwischen bislang einander Unbekannten schlagen.

Kennen Sie das Sprichwort »Man verlässt das Rathaus schlauer, als man es betreten hat«? Das Austauschen von Informationen kann buchstäblich Gold wert sein. Es ist auf jeden Fall unabdingbar, wenn man vorhat, sich ein berufliches Netzwerk aufzubauen. Vernachlässigt man den Informationsaustausch mit Hilfe von Small Talk, wird oft genug einer der Gesprächspartner vom »Parzifal-Syndrom« befallen: Sie erinnern sich an den jungen, ritterlichen Sagenhelden, der des kranken Königs Amfortas und des Heiligen Grals ansichtig wurde, aber versäumte, danach zu fragen, was er da eigentlich gesehen hatte? »Hätte ich doch nur gefragt!«, klagte er sich später selbst an.

Wir möchten Ihnen Tipps und Anregungen geben, wie Sie aus Alltagsgesprächen Gewinn ziehen, Spaß dabei haben und dem gewünschten Erfolg ein wenig näher kommen. Wir können und wollen Ihnen kein Small-Talk-Drehbuch liefern, denn Gesprächsituationen sind zum Glück nicht vorhersehbar – das wäre wohl auch furchtbar langweilig. Doch wenn Sie gezielt vorgehen, können aus »everyday topics» vielleicht doch »important topics« werden.

So klein und nebensächlich ist Small Talk eben gar nicht. Er lässt sich sehr gut mit dem Öl in einem Hochleistungsmotor vergleichen. Da sind die Maschine (der Zwölfzylinder) und die Energie (Superbenzin) – beide haben eine wichtige Funktion. Aber wehe, wenn der Ölfilm reißt und es einen Kolbenfresser gibt! – Ebenso ist es mit dem Small Talk: Er schafft den Kontakt zwischen Gesprächs- und vielleicht auch Verhandlungspartnern; er kann Nähe herstellen und damit Wertschätzung und Verständnis. – So betrachtet, haben wir es beim Small Talk mit höchst wichtiger Beziehungsarbeit zu tun.

Sie haben Recht: Bücher oder Filme, die Ihnen etwas Bahnbrechendes versprechen, sind Ihnen suspekt. – Das geht uns genauso. Und trotzdem stellen wir die kühne These auf, dass Sie nach der Lektüre dieses Buches mit einer neuen Perspektive an Gespräche herangehen werden.

Lassen Sie uns also gleich mit einer guten Nachricht beginnen. Wenn Sie sich beim Stichwort Small Talk bisher immer gefragt haben »Was sag ich bloß?«, dann können Sie sich jetzt entspannt zurücklehnen. Die Kunst des Small Talk besteht darin, den Gesprächspartner in eine gute Stimmung zu versetzen. Und um das zu erreichen, muss man gar nicht selbst so viel reden, sondern nur die richtigen Fragen stellen und dann vor allem zuhören. Auf diese Weise gewinnen Sie schnell die Sympathie Ihrer Mitmenschen!

In der Einleitung unseres Buches werden wir verdeutlichen, wie sehr Kommunikationserfolg von der inneren Haltung der Beteiligten abhängt. Fühlt sich einer der Gesprächspartner über- oder unterlegen, sind Gesprächsstörungen meist schon vorprogrammiert. Zur so genannten *richtigen Einstellung* gehört somit ein gesundes Selbstbewusstsein, aber auch Offenheit und Toleranz gegenüber unseren Gesprächspartnern. – Wer meint, der Rest der Menschheit müsse genauso denken und handeln wie man selbst, liegt eindeutig falsch!

Anschließend dreht sich alles um Small-Talk-Techniken: Zunächst erfahren Sie vieles über das richtige Zuhören. Wer kann schon für sich in Anspruch nehmen, immer ein aufmerksamer Zuhörer zu sein? Außerdem machen wir Sie mit wichtigen Strategien vertraut, die Ihnen in zukünftigen Small Talks Souveränität verleihen.

Natürlich geht es auch um typische Small-Talk-Situationen. Da denkt man zunächst an Partys oder Empfänge. Dementsprechend werden Sie in diesem Kapitel einige Tipps und Tricks finden, mit deren Hilfe man Feiern entspannt entgegensehen kann. Aber wer sagt eigentlich, dass nur auf Festen geplaudert wird? Auch im Büro will man nicht ausschließlich über Akten, Aufträge und Angebote reden. Aus diesem Grund gehen wir ganz besonders auf die wichtigsten Gesprächssituationen im Berufsalltag ein. Sie werden feststellen, wie leicht man durch kluges Small-Talk-Verhalten die Sympathie von Vorgesetzten, Kollegen, Mitarbeitern, Geschäftspartnern und Kunden bzw. Klienten gewinnen kann.

Nachdem wir geklärt haben, worauf man in Gesprächen achten sollte, und wir außerdem auf typische Situationen und Besonderheiten der verschiedenen Gesprächspartner eingegangen sind, stehen wir vor den nächsten Fragen: Worüber spricht man am besten? Und welche Themen sollte man tunlichst vermeiden? Darum geht es im letzten Kapitel dieses Buches.

Kaum etwas anderes lässt sich so gut trainieren wie Small Talk. Wenn Sie morgen aus dem Haus gehen, hören Sie doch einfach einmal genauer hin, wenn sich Ihre Kollegen oder Freunde unterhalten, und achten Sie auf Ihr eigenes Small-Talk-Verhalten. Entgegen der landläufigen Meinung findet Small-Talk nicht nur zwischen Fremden oder flüchtigen Bekannten statt. Auch mit guten Freunden redet man nicht permanent über hochkomplexe Themen. Wenn wir ein Ziel mit diesem Buch erreichen wollen, dann dieses: dass Sie und Ihr Gesprächspartner sich im Small Talk miteinander wohl fühlen. Viel Erfolg auf dem Weg dorthin!

Stellen Sie sich folgende Szenen bildlich vor.

Ein Park, ein Spielplatz, ein Buddelkasten. Kinder, Bänke, Mütter.
Ein paar Kinder spielen gemeinsam im Sand mit Förmchen. Die Erwachsenen sitzen auf den Bänken, passen auf, sind mit sich selbst beschäftigt. Einige kennen sich, reden miteinander.

Ein kleiner, etwa fünfjähriger Steppke kommt in Begleitung seiner Mutter auf den Spielplatz. Die Mutter setzt sich auf die letzte noch freie Bank und fordert ihren Sohn auf, sich doch am Spiel mit den anderen Kindern zu beteiligen.

Zu gerne würde der Kleine jetzt mit den anderen spielen. Seine Aufmerksamkeit richtet sich ganz auf das Geschehen im Buddelkasten. Und doch spürt der Beobachter die Unschlüssigkeit des Jungen, eine Unsicherheit, die ihn davon abhält, auf die spielenden Kinder zuzugehen und mit ihnen gemeinsam zu buddeln.

Er zögert, blickt sich ein-, zweimal unsicher nach seiner Mutter um und zieht sich dann langsam in die äußerste Ecke des Sandkastens zurück. Ab und zu schaut er verstohlen zu den anderen Kindern hinüber, schaufelt ansonsten aber allein vor sich hin.

*

München, die Zentrale der Unternehmensberatung Roland Berger.
Ein Kamerateam begleitet Deutschlands prominentesten Unternehmensberater für ein TV-Porträt: Jobkiller – Jobretter. Der Fernsehzuschauer erlebt, wie Roland Berger sein Büro verlässt und sich anschickt, zum Flughafen zu eilen. Wie immer ist viel zu wenig Zeit. Berger steht für einen Moment am Aufzug und wartet. Ungeduld macht sich breit. Endlich, der Aufzug ist da, die Türen öffnen sich. Ein junger Mitarbeiter steht bereits drin, ist überrascht und lächelt verlegen, als er seinen Chef in Begleitung des Kamerateams sieht.

»Tag, Herr Berger«, sagt der Mitarbeiter und zeigt deutliches Erstaunen. »Mm, was, so viel Aufmerksamkeit heute?«

»Warum denn nicht«, antwortet Roland Berger und fragt seinen Mitarbeiter:

»Wo fahren Sie hin?«

»Ich fahr jetzt runter zum Essen.«

»Zum Essen«, Berger schaut etwas erstaunt auf die Uhr, »ist ja ein frühes Mittagessen.«

»Tja, man kann es sich nicht immer aussuchen«, rechtfertigt sich verlegen dreinschauend der Mitarbeiter.

»Na, Sie werden ja nicht dick auf diese Art und Weise.«

Der Aufzug ist angekommen, die Tür öffnet sich. Roland Berger schaut hinaus.

»Es schneit ja!«, stellt er fest.

Schnell drängelt sich der Mitarbeiter am Kamerateam vorbei. Bloß raus hier.

Beide Szenen haben mit kommunikativer Intelligenz, sozialer Kompetenz und deshalb auch mit Small Talk zu tun. Für das Kind hat das Spiel im Sandkasten einen ähnlich hohen Stellenwert wie die Arbeit für den Erwachsenen. Das Gefühl ausgeschlossen zu sein, keine Chance zur Integration zu haben, sprachlos zu bleiben ist für das Kind ebenso wie für den Erwachsenen bitter. Man fragt sich also, wie Sympathie entsteht und welche Rolle Worte dabei spielen, welche Macht sie dem Sprechenden verleihen. Können Sie dazu beitragen, dass man, wenn schon nicht geliebt, so doch wenigstens gemocht wird?

Sympathie oder nicht, auf den ersten oder erst auf den zweiten Blick – das eigene stabile Selbstwertgefühl ist ein entscheidender Weichensteller für die weitere Gesprächsführung. Verbunden mit dem Bewusstsein, dass jeder anders ist und dass sich die Welt nicht nur um einen selbst dreht, erweist sich Small Talk als sehr nützlich, wenn es um interpersonelle Kommunikation geht.

Voraussetzung für gelungene Gespräche ist die Erkenntnis, dass jeder Mensch das Recht auf Einzigartigkeit hat. Wer dann noch lernt, zuzuhören, kluge Fragen zu stellen und sich selbst zurückzunehmen, der wird sich bei Small Talks ganz einfach wohl fühlen.

Die Macht der Sprache

oder: Wie man mit wenigen Worten etwas aufbauen oder zerstören kann

Es ist erstaunlich, welche nachhaltige Wirkung schon die kleinste unfreundliche Bemerkung im Alltag haben kann. Manchmal reicht eine unüberlegte Antwort, und schon entwickelt man Antipathien, die kaum wieder abgelegt werden, wie das folgende Beispiel zeigt:

Einmal angenommen, Sie möchten eine bestimmte CD kaufen. Vor drei Tagen im Elektrogroßmarkt gab es diese zum Aktionspreis, für 20 DM. Aus irgendwelchen Gründen sind Sie aber doch nicht zum Discounter gegangen, sondern stehen nun im Plattenladen um die Ecke. Hier fühlen Sie sich ohnehin wohler: Die Atmosphäre ist angenehmer und das Personal fachkundig. Aber sosehr Sie den Laden auch mögen, die neue Simply-Red-CD ist nicht zu finden. Doch es gibt ja den Inhaber, den Sie fragen können. Gedacht, getan. Man überreicht Ihnen das gute Stück mit den Worten: »35 Mark bitte!«

Jetzt müssen Sie erst mal schlucken und erwidern: »Oh, das ist aber ein stolzer Preis, die hab ich anderswo schon billiger gesehen«. Und noch bevor Sie hinzufügen können: »OK, geht schon in Ordnung, ich nehme die CD«, entgegnet man Ihnen kühl, fast unwirsch: »Wissen Sie was: Ich stelle die CD zurück ins Regal, Sie stecken Ihre Kreditkarte wieder ein, und wir vergessen das Ganze. Wenn Sie Probleme mit unseren Preisen haben, kaufen Sie doch woanders.«

Das war vor fünf Jahren, und obwohl Sie vor diesem Zwischenfall beinahe täglich in diesem Laden vorbeischauten, weil Sie ein fanatischer Musikfan und Plattensammler sind, haben Sie ihn seither nie wieder betreten. Eine freche Antwort, ein falscher Kommentar, und man bricht (Geschäfts-)Beziehungen ab.

An einem weiteren Beispiel – ebenso aus dem Dienstleistungsbereich – wollen wir Ihnen nun verdeutlichen, was umgekehrt der geschickte Umgang mit Sprache bewirken kann:

Sie entscheiden sich kurzfristig, nach Sydney zu reisen, und möchten nun den Flug buchen. Vor Ihnen liegt der Reiseteil Ihrer Zeitung mit den Angeboten und Telefonnummern verschiedener Reisebüros. Zunächst erkundigen Sie sich im Reisebüro A. Die Dame am anderen Ende ist kurz angebunden: »Ich habe jetzt leider keine Zeit. Rufen Sie doch bitte in einer Stunde noch mal an.«

Nächster Versuch im Reisebüro B. Dort nimmt man sich immerhin die Zeit, Sie über die »aktuellen Trends« zu informieren: »Nein, da muss ich gar nicht nachschauen. Im Moment fliegt kein Mensch nach Australien. Da wird schon etwas frei sein. Kommen Sie in den nächsten Tagen einfach mal vorbei.«

Erst im Reisebüro C geht man auf Ihre Wünsche ein: »Nennen Sie mir doch bitte die Daten für Hin- und Rückflug, Herr Müller. Wissen Sie schon, mit welcher Gesellschaft Sie fliegen möchten, oder soll ich schauen, welche Linien günstige Tarife und Abflugzeiten bieten? Wenn es Ihnen passt, rufe ich Sie in fünf Minuten zurück, dann habe ich die nötigen Informationen. Falls Sie heute keine Zeit haben, in unser Büro zu kommen, können wir Ihnen die Plätze auch gern für ein paar Tage freihalten.« Keine Frage, wo Sie am Ende Ihren Flug buchen werden! Auch dieses Erlebnis liegt fünf Jahre zurück. Seitdem schwören Sie auf das Reisebüro C. Es mag sein, dass es am anderen Ende der Stadt liegt und dass es anderswo gelegentlich sogar billigere Tickets gibt. Sie gehen aber trotzdem dorthin, wo man Sie freundlich und kompetent bedient.

Eines zeigen diese Beispiele ganz deutlich: Wenn wir mit anderen sprechen, hinterlassen wir einen bleibenden Eindruck – und das nicht nur für Minuten, sondern oft für Jahre. Also bedeutet dies für unser Small-Talk-Verhalten, dass wir uns sehr genau überlegen sollten, wie wir anderen beim ersten Mal begegnen und was wir dann sagen. Auch wenn Sie weder CDs noch Flugtickets verkaufen wollen: Sympathien möchten Sie in jedem Fall gewinnen. Übellaunige Bemerkungen haben im Small Talk nichts zu suchen, denn daran erinnert sich Ihr Gegenüber möglicherweise noch Jahre später. Das nennt man »die Macht des ersten Eindrucks« oder: Für den ersten Eindruck gibt es keine zweite Chance.

Sie meinen jetzt, dies seien keine Small-Talk-Szenen? Und dass in Deutschland der Kunde keinesfalls König ist und Verkäufer häufig genervt bis überfordert reagieren, habe doch eher etwas mit unserem Verständnis von Dienstleistung zu tun, als mit dem Thema Small Talk?

So verständlich Ihre Überlegungen und Einwände sein mögen – bitte haben Sie ein wenig Geduld. Im Folgenden wird deutlich, worauf wir mit diesen Szenarien hinauswollen: Sie sind Baumaterial für Small Talk.

Wie Sympathie entsteht

Gelingen oder Misslingen eines Gesprächs hängen entscheidend davon ab, ob Sie sympathisch wirken – und zwar über den berühmten ersten Eindruck hinaus.

Die folgende Übersicht soll Ihnen auf einen Blick verdeutlichen, was Sympathie hervorruft oder verhindert:

Sympathie wird hervorgerufen durch …	**Antipathie wird hervorgerufen durch …**
Interesse an Ihrer Person	Desinteresse
Vertrauen	Misstrauen
Zuneigung	Abneigung
Wärme	Kälte
Gemeinsamkeiten	fehlende Gemeinsamkeiten
Attraktivität	Hässlichkeit
gleiche Wellenlänge/Interessen	andere Wellenlänge/Interessen
Zugewandtheit	Abgewandtheit
Anpassung	mangelnde Anpassung
Charisma	fehlendes Charisma
Freundlichkeit	Unfreundlichkeit
Höflichkeit	Unhöflichkeit
Gelassenheit	Nervosität, Anspannung
Ruhe	Unruhe
Selbstsicherheit	Unsicherheit
Geduld	Ungeduld
Toleranz	Intoleranz
Gleichberechtigung	Dominanz-/Machtstreben
Gewährenlassen (Freiheit)	Beherrschung (Unfreiheit)

Wie sympathisch können Sie sein, wie viel Sympathie sind Sie in der Lage für sich zu mobilisieren? Fragen, die neun von zehn Personen mit dem Hinweis beantworten, dass dies wohl kaum von ihnen selbst abhinge. Das Gegenüber müsse einen schließlich beurteilen und sympathisch finden oder eben nicht. Man selbst könne dafür doch nichts oder nur wenig tun. – Das klingt logisch, und vielleicht denken Sie genauso. Und trotzdem: Angenommen man könnte Sympathie messen. Wieviel Prozent an Sympathiezuschreibung durch ein Gegenüber, eine x-beliebige Person, glauben Sie für sich mobilisieren zu können?

Mit dieser präzisen Fragestellung bringt man die meisten Befragten in arge Schwierigkeiten. In unserem Büro für Berufsstrategie fragen wir häufig unsere Klienten, wie sie sich selbst einschätzen. Ohne das freundlich unterstützende Angebot »Was denken Sie, eher 90 % oder doch nur 10 %?« sind die meisten gar nicht zu einer Aussage zu bewegen. Hinzu kommt immer noch der Hinweis, das hinge doch allein vom Gegenüber ab »Ich kann doch unmöglich wissen, ob *der* oder *die* andere Person Menschen wie mich mag?«

Nach längerem Zögern und viel Nachdenken ist dann vielleicht die Hälfte unserer befragten Klienten bereit, einzuräumen, weniger als 30 Prozent Sympathie für sich mobilisieren zu können. Die andere Hälfte kommt auf etwa 50 Prozent. Meistens ist es nur einer von zehn, der sich in der Lage sieht, etwa 70 Prozent und mehr für sich beim anderen »herauszuholen«.

Allen Klienten ist jedoch klar, dass Sympathie eine enorme Bedeutung hat. Um beispielsweise einen Job zu bekommen, muss man dem Personalchef oder Inhaber, neben anderen Eigenschaften, vor allem sympathisch sein. Doch es scheint leichter zu sein, sich vorzustellen, wie man seinem Gegenüber augenblicklich herzlich unsympathisch werden kann. Hier hat beinahe jeder das Gefühl, genau zu wissen, wie er/sie es anstellen müsste, um beim Gesprächspartner eine starke Antipathie zu mobilisieren.

Sich aktiv unbeliebt zu machen, sich »so richtig unmöglich zu verhalten«, ist Ihnen möglicherweise auch viel schneller im Bewusstsein als das Gegenteil. Hinzu kommt bei unseren Klienten, wie sicherlich auch bei Ihnen, noch das deutliche Gefühl, dass Sympathiegewinnung schwierig sei und wohl kaum einer diese Kunst hundertprozentig beherrschen könne.

Dabei vergessen Sie sicherlich, dass viele Menschen, vom Verkäufer bis zum Moderator, Schauspieler und Politiker, sehr wohl in der Lage sind, professionell die Sympathien ihres Gegenübers für sich zu mobilisieren. Die professionelle Mobilisierung von Sympathiepotentialen ist also gar nicht so außergewöhnlich.

Wie lässt sich, nach dieser Vorrede, denn jetzt das Entstehen von Sympathie erklären? Zur Mobilisierung von Sympathiegefühlen kommt es immer dann, wenn Ihr Gegenüber über den (ersten) Eindruck hinaus die Hoffnung gewinnt, dass Sie einen Beitrag zu seiner Bedürfnisbefriedigung (Aufmerksamkeit, Zuwendung, Erfolg, Macht etc.) leisten können.

Sympathiefördernd sind dabei vor allem Identifizierungsprozesse nach dem Motto: »Mein Gegenüber ist ja genauso bzw. ganz ähnlich wie ich«. Man entdeckt mit Hilfe des Gesprächs beim anderen etwas, was einem selbst bekannt ist. Besonders gut trifft dies auf biographische Gemeinsamkeiten zu (z.B. bezüglich früherer Wohnorte, Ausbildung, Hobbys etc.).

Sympathie entsteht – auf beiden Seiten – aufgrund verbaler (Sprache, Sprechweise: laut, leise, mit Dialekt usw.) und nonverbaler Kommunikation (Körpersprache, Aussehen, Auftreten, Kleidung). Sie hilft ganz entscheidend mit beim Gelingen von Small Talk.

Die Kunst, sich zurückzunehmen

oder: ein Plädoyer für die richtige Grundeinstellung

»Ich kann dieses, ich will jenes. Ich war hier, ich war dort. Ich esse gerne Erdbeeren. Ich gehe oft ins Kino. Ich mag Rotwein. Ich fahre nach Rom. Ich war im Theater. Ich will mehr Geld. Ich finde Privatfernsehen doof. Ich langweile mich. Ich liebe klassische Musik. Ich kaufe nur im Bioladen. Ich spreche drei Fremdsprachen. Ich kenne wichtige Leute. Ich ich ich.«

Die Redensart »Jeder ist sich selbst der Nächste« hat durchaus einen wahren Kern. Denn wer so bescheiden ist, dass er stets selbst zu kurz kommt, wird auf Dauer nicht froh. Natürlich will man, dass es einem gut geht. Doch muss man das in Gesprächen nicht ständig hervorheben.

Im Small Talk sollte man sich nicht wichtiger nehmen als seine Mitmenschen. Das ist zunächst einmal der minimale Höflichkeitsstandard, aber sicherlich auch eine kluge Taktik. Denn was glauben Sie, was Ihr Gegenüber interessiert? Richtig: sein neues Auto, sein nächster Urlaub, ihre schicke Bluse oder sein neues Handy. Wenn Sie dem anderen die Chance geben, über all diese Dinge zu reden, sorgen Sie dafür, dass er bzw. sie sich wohl fühlt.

Es gibt Menschen, die betreten den Raum und vermitteln ihrem Publikum: »Hoppla, hier bin ich.« Andere kommen herein und geben den Anwesenden das Gefühl »Schön, dass Sie hier sind.« Es ist leicht zu erraten, wer besseren Small Talk führt.

Damit erst gar keine Missverständnisse aufkommen: Wenn wir empfehlen, zunächst dem anderen Raum zur Selbstdarstellung zu geben, meinen wir damit ganz bestimmt nicht, dass Sie verschüchtert vor Ihrem Gesprächspartner stehen und ihn ehrfurchtsvoll anhimmeln sollen.

Doch in den meisten Fällen ist es die geschicktere Strategie, erst einmal den anderen erzählen zu lassen. Dafür gibt es zwei gute Gründe. Erstens gewinnt Ihr Gegenüber den Eindruck: »Welch ein sympathischer Mensch. Da ist jemand, der ist interessiert, kann zuhören, jemand, der auf mich eingeht und nicht nur von sich erzählt.« Und zweitens erfahren Sie auf diese Weise – natürlich immer vorausgesetzt, sie hören auch wirklich intensiv zu –, was Ihr Gegenüber bewegt. Das gibt Ihnen wiederum wichtige Hinweise für den weiteren Gesprächsverlauf. Wenn Sie dann selbst etwas sagen, können Sie ganz individuell und mühelos auf Ihren Gesprächspartner eingehen – und mit ziemlicher Sicherheit eine positive Wirkung erzielen.

Nutzen Sie Small Talks darüber hinaus zum Marketing in eigener Sache. Auch Sie haben die Chance, sich von Ihrer Schokoladenseite zu zeigen und sich, wie Ihr Gesprächspartner, engagiert und erfolgreich darzustellen. Aber tun Sie das in Maßen und vielleicht etwas zurückhaltender als Ihr Gegenüber. Denn wenn Menschen etwas nicht mögen, dann sind das Angeber, die alles können, alles besitzen und immer die Besten sind. Der wirklich Erfolgreiche hat es gar nicht nötig, sich in den Vordergrund zu drängen. Wer seinem Gegenüber nachhaltig imponieren möchte, der stapelt tief. Nach seinem Beruf befragt, antwortet er: »Ich mache was mit Mode.« Das klingt sympathischer als: »Mir gehört eine Modefirma, in der ich 100 Leute beschäftige. Wir machen einen Umsatz von 50 Millionen im Jahr.« Solche Fakten gehören vielleicht in Geschäftsgespräche, im Small Talk sollte man jedoch lieber durch Intelligenz als durch Imponiergehabe auffallen.

Jeder Mensch ist anders – das ist eine Binsenweisheit. Prinzipiell ist einem klar, dass nicht jeder der sechs Milliarden Menschen auf dieser Erde Ihre persönlichen Interessen und eigenen Vorstellungen teilt. Das wäre auch langweilig. Häufig will man sich auch bewusst von anderen abheben, vielleicht durch Kleidung, durch eine ausgefallene Wohnungseinrichtung oder ein teures Auto. Andererseits haben wir aber oft genug Schwierigkeiten, andere so zu akzeptieren, wie sie nun einmal sind: »Wie kann man nur so rumlaufen?«, »Muss die sich denn so in den Vordergrund drängen?«, »Was steht der denn so verklemmt in der Ecke rum?« oder »Wie kann man nur ohne Computer leben?« sind nur einige der Fragen, die uns gelegentlich durch den Kopf schießen, wenn wir andere sehen, erleben, kennen lernen.

Falls Sie sich nun fragen, was dies alles mit Small Talk zu tun hat, so lautet die Antwort: Wer als sympathischer Gesprächspartner gelten möchte, sollte ein großes Maß an Toleranz aufbringen, insbesondere wenn er mit anderen ins Gespräch kommen will. Wir dürfen nicht automatisch voraussetzen, dass andere unsere Meinung teilen. Aus diesem Grunde haben Formulierungen wie »Das wissen wir ja alle, dass …« oder »Da muss man gar nicht großartig diskutieren …« in Gesprächen nichts zu suchen.

Es ist eben nicht selbstverständlich, dass »man« Wein nur trinken kann, wenn die Flasche mindestens 15 Euro gekostet hat, oder dass »man« sich als intelligenter Mensch »Big Brother« nicht anschaut.

Wer sich hinstellt und seine ganz persönlichen Ansichten als das Maß aller Dinge präsentiert, schafft es innerhalb von dreißig Sekunden, beim anderen als arrogant und borniert zu gelten. Diesen ersten Eindruck zu revidieren kann dann richtig in Arbeit ausarten.

Auf den Punkt gebracht: Ein vorsichtiger Umgang mit Worten, aktives Zuhören, Fragenstellen statt permanentes Reden, Understatement und das Bewusstsein, dass jeder anders ist (man selbst eingeschlossen), mobilisiert Sympathie und lässt Small Talk zu einem Vergnügen werden.

So funktioniert's: Small-Talk-Strategien

Der erfolgsversprechende Gesprächseinstieg

Viele Menschen schrecken zurück, wenn sie überhaupt nur an Small-Talk-Situationen denken. Meist ist es der Beginn, der Gesprächseinstieg, der ihnen die größten Kopfschmerzen bereitet. Ist eine Unterhaltung erst einmal in Gang gekommen, fühlen sie sich wesentlich entspannter. Doch auch die Gesprächseröffnung ist im Grunde ein Kinderspiel, sobald man erst einmal weiß, worauf es ankommt.

An erster Stelle geht es, wie schon häufiger erwähnt, um das Zuhören. Nun können Sie dagegenhalten, dass das Zuhören erst dann möglich wird, wenn der andere bereits spricht, sich ausführlicher mitteilt. Und bisweilen liegt es ja genau daran: Zwei Menschen begegnen einander, und mindestens einem, wenn nicht beiden, fällt nicht ein, wie er oder sie das Gespräch beginnen könnte. Der Wunsch, mit dem anderen ins Gespräch zu kommen, ist vorhanden, es kommt jedoch nicht zu einer Umsetzung.

Um das Zuhören geht es ausführlicher ab S. 25. Damit das Gespräch in Gang kommt, sollten Sie bestimmte Fragen stellen. Auch dazu erhalten Sie ausführliche Hinweise und konkrete Beispiel (ab S. 31).

Viel wichtiger als Ihre Worte sind zunächst Ihr Auftreten, Ihre Stimmung und Stimme, Ihr Tonfall und Ihr Gesichtsausdruck, kurz: Ihre Körpersprache. Und natürlich spielt auch die Kleidung eine gewisse Rolle. Sie lesen mehr über beide Themen ab Seite 62.

Zunächst nur soviel: Achten Sie vor allem darauf, Gespräche mit einem Lächeln oder wenigstens mit einem freundlichen Gesicht zu eröffnen. Wer sich gleich zu Beginn über irgendetwas aufregt, gilt schnell als notorischer Nörgler.

Für den Einstieg in die Unterhaltung ist es also wichtig, offen und interessiert zu erscheinen. Ob Ihnen das nun mit »Kommen Sie eigentlich aus München?« oder mit »Arbeiten Sie schon lange für die Firma XYZ?« oder auch mit »Und woher kennen Sie den Gastgeber?« gelingt, spielt keine Rolle. Sie müssen einfach nur den Eindruck vermitteln, dass Sie die Antwort wirklich hören möchten. Falls der andere sich über Ihr Interesse freut und auf Ihre Frage eingeht, ist das ein prima Small-Talk-Start.

Ist das Gespräch erst einmal gut in Gang gekommen, macht man sich nach kürzester Zeit ohnehin keine Gedanken mehr über dessen weiteren Verlauf. Dann geht alles wie von allein und keiner klammert sich mehr verkrampft an Regeln.

Noch einmal auf den Punkt gebracht: »Aller Anfang ist schwer«. Dieses Sprichwort gilt auch für den Small Talk. Neben dem wichtigen Start sind es aber vor allem Ihre Fähigkeit, aktiv zuzuhören, Ihre Körpersprache und Ihr Gesamtauftritt sowie die Fähigkeit, motivierende Fragen zu stellen, die Ihren Small-Talk-Start begünstigen.

Vorbereitung ist erlaubt

Natürlich ist es am schönsten, wenn man ganz spontan auf andere zugeht und dann auch gleich die passenden Worte findet. Sie werden beim Lesen dieses Buches immer wieder feststellen, wie leicht man interessante Gespräche führen kann, wenn man sich an die simplen Small-Talk-Regeln hält. Sprechen wir an dieser Stelle also nicht von normalen Situationen, die leicht zu meistern sind, sondern von den wenigen, aber besonderen Ausnahmefällen.

Manchmal weiß man schon vorher, wem man im Rahmen einer bestimmten Veranstaltung aller Voraussicht nach begegnen wird. Angenommen, ein guter Freund lädt Sie zur Einweihungsfeier in seine neuen Geschäfts- oder Praxisräume ein. Da er ein sehr gutes Verhältnis zu seinen Großeltern hat, werden die alten Herrschaften garantiert auch zugegen sein. Sie finden die beiden reizend. Nur erinnern Sie sich an Ihr letztes Zusammentreffen mit den alten Meiers: Damals standen Sie ziemlich hilflos herum, weil Ihnen auf Anhieb kein passendes Thema einfallen wollte.

Mit Freunden oder Kollegen spricht man über Gott und die Welt, Kino und Handytarife, Windeln oder neue Bücher. Aber bei einer Altersdifferenz von mehr als 50 Jahren liegen die Gesprächsthemen nicht ohne weiteres auf der Hand. Warum also warten, bis es »ernst« wird? Überlegen Sie sich ruhig vorher, dass Sie Großvater Meier nach seiner Münzsammlung fragen wollen und sich bei seiner Frau erkundigen werden, wie die Pflanzen in ihrem Wintergarten gedeihen.

Solche Vorüberlegungen sind absolut legitim und ganz bestimmt kein Zeichen von Unsicherheit oder Unerfahrenheit in Sachen Small Talk. Im Gegenteil: Manche Kommunikationsprofis haben große Karteien oder Computerdatenbänke, in denen sie festhalten, dass Isa Fastenrath gern Lachs isst, Beate Kuhn lieber Salate mag, Dirk Vehlewald sich jedes Autorennen anschaut und Klaus Krüger geschäftlich oft in Mannheim zu tun hat. Wer Hunderte von Menschen kennt, braucht schon ein sehr gutes Gedächtnis, wenn er sich all diese Details ohne Hilfsmittel merken will.

Aktives Zuhören und Reflektieren

Worauf sollten wir achten, wenn wir uns unterhalten? Es gibt einige wenige elementare Grundlagen für gute Gespräche, auf die wir an dieser Stelle ausführlicher eingehen wollen. Obwohl es eigentlich selbstverständlich sein sollte, dass wir unseren Gesprächspartnern zuhören, kommt dies doch viel zu selten vor.

Richtiges Zuhören bedeutet nichts anderes als:

- für einen Moment alle Gedanken zurückzuhalten,
- noch nicht darüber nachzudenken, was man als Nächstes sagen wird,
- nicht schon nach Zusammenhängen zwischen dem gerade Gesagten und den eigenen Erfahrungen zu suchen,
- das Gefühl zu unterdrücken, man hätte die Geschichte irgendwo schon mal gehört.

Das alles ist – zugegeben – ziemlich schwierig. Schon in der Kindheit mussten wir schmerzlich erleben, dass wichtige Bezugspersonen uns oft nicht zuhörten. Und spätestens im Verlauf unserer Schulzeit entwickelten wir dann selbst eine deutliche Abneigung gegen das Zuhören, die sich nur schwer wieder abtrainieren lässt. Was dann zu Beginn einer Paarbeziehung wieder möglich schien – gegenseitige Aufmerksamkeit und die Bereitschaft, einander zuzuhören –, endete oft nach gar nicht langer Zweisamkeit in der tragischen Unfähigkeit, dem anderen »Raum und Ohr« zu geben.
Was kennzeichnet den guten Zuhörer? Er gibt dem Sprecher das Gefühl, dass alles, was er gesagt hat oder sagen wird, interessant ist. Klingt dies nach irgendeinem Gespräch, das Sie jemals geführt haben? Hat schon einmal jemand derart entzückt Ihren Worten gelauscht? Vermutlich selten, vielleicht sogar überhaupt noch nie. Wir geben uns im Allgemeinen mit viel weniger Aufmerksamkeit zufrieden, sind bereits heilfroh, wenn andere uns überhaupt richtig aussprechen lassen, uns wenigstens eine kurze Zeit lang zuhören. All dies erklärt, weshalb ein guter Zuhörer von seinen Gesprächspartnern so überaus geschätzt wird.

Eine Grundregel sollten Sie stets bedenken: Andere Menschen interessieren sich eher für sich selbst als für die Belange anderer. Wundern Sie sich also nicht, dass Ihr Gesprächspartner sehr schnell das Interesse an einer Unterhaltung mit Ihnen verliert, wenn Sie minutenlang monologisieren oder auf andere Weise versuchen, das Gespräch zu beherrschen.

Beinahe jeder würde lieber über sich selbst, über seine eigenen Pläne, Wünsche und Probleme sprechen, als einem anderen zuzuhören. Wenn Sie also bei Ihrem Gesprächspartner einen positiven Eindruck hinterlassen wollen, geben Sie ihm großzügig Raum für sein Mitteilungsbedürfnis. Außerdem bekommen Sie beim Zuhören wertvolle Hinweise darauf, was den anderen am ehesten interessiert.

Üben Sie das wirkliche Zuhören

Nur ungern lassen wir uns über richtiges Zuhören belehren, schließlich tun wir das den ganzen Tag lang, und das mindestens seit unserer Schulzeit. Nach all der Übung sind wir überzeugt, Experten auf diesem Gebiet zu sein. Dabei haben wir vor allem gelernt, so zu tun, als hörten wir zu. Statt dass wir uns auf die Aussagen des Gesprächspartners konzentrierten, überlegen wir uns bereits eine Antwort darauf. Wir glauben, ein Gespräch erfolgreich geführt zu haben, wenn beide Beteiligten überhaupt Gelegenheit dazu hatten, etwas zu sagen, und keiner etwas Falsches von sich gegeben oder den anderen zu sehr verletzt hat.

Doch Zuhören ist etwas vollkommen anderes als beispielsweise schweigend einer Schallplatte zu lauschen. Wer Musik hört, muss nicht über sein Gegenüber nachdenken. In Gesprächen kommt es dagegen besonders häufig auf die Bedeutung jenseits der Worte an. Nur wer richtig zuhört, wird versuchen, hinter die Worte zu blicken, und sich immer wieder die Frage stellen: »Was veranlasst den anderen zu seiner Aussage, und was will er damit ausdrücken, was ist sein Anliegen?«

Fallen Sie dem anderen nicht ins Wort

Viel zu häufig kommt es vor, dass wir unsere Gesprächspartner mitten im Redefluss unterbrechen, weil wir meinen, noch etwas viel Wichtigeres zum Thema beitragen zu müssen. Kommt Ihnen die folgende Gesprächssituation bekannt vor?

»Gestern habe ich bis tief in die Nacht am Computer gesessen, weil die Umstellung auf die neue Version …« Mehr kann der Gesprächspartner gar nicht sagen, weil Sie sich einmischen: »O ja, da habe ich auch so meine Erfahrungen. Gerade letzte Woche habe ich versucht, Windows 2000 auf meinem Rechner zu installieren. Stunden hat das gedauert. Hinterher stellte sich heraus, dass beim Aufräumen der Festplatte wichtige Dateien verloren gegangen waren. Bekannten von mir ging es genauso. Da fragt man sich doch, ob man nicht besser bei der alten Version geblieben wäre.«

Hier wurde, bildlich gesprochen, das Steuer durch den Beifahrer herumgerissen. Zu welchem Ergebnis das beim Autofahren führen würde, brauchen wir nicht weiter auszuführen. Also zurück zur Gesprächssituation: Die Person, die etwas erklären wollte, wird in die Zuhörerrolle gedrängt und ist der Geschichte des anderen ausgeliefert. Natürlich sollen Gespräche dem Erfahrungsaustausch dienen. Fehlt es einem der Gesprächspartner allerdings an Konzentrationsbereitschaft, an Einfühlungsvermögen und am Gespür für das richtige Timing für seine Unterhaltungsbeiträge, wird der Gesprächsfluss unterbrochen – die Atmosphäre ist nachhaltig gestört.

Achten Sie auf die Stimme des anderen

Sie sollten in Gesprächen auf alles achten, was Sie hören (und sehen!). Es darf Ihnen nicht genügen, die Unterhaltung irgendwie in Gang zu halten. Versuchen Sie, möglichst viel von den Worten, aber auch von der Stimmung Ihres Gesprächspartners einzufangen. Wenn Sie genau auf die Stimme des anderen achten, werden Sie sehr schnell heraushören, ob er wirklich mit Ihnen reden will oder nicht. Klingt der andere

> entspannt oder gestresst,
> fröhlich oder deprimiert,
> interessiert oder gelangweilt?

Die Stimme ist sehr viel schwieriger zu kontrollieren als die Worte, die wir von uns geben. Versuchen Sie einmal, jemandem weiszumachen, dass es Ihnen großartig geht, wenn Sie schlecht gelaunt sind. Sehr überzeugend wird das kaum klingen.

Ermutigen Sie Ihren Gesprächspartner

Signalisieren Sie Ihrem Gegenüber durch Blickkontakt und kurze Einschübe, dass Sie ein interessierter Zuhörer sind:

> Das klingt sehr interessant!
> Darüber würde ich gern noch mehr erfahren!
> Ist ja doll! Na so was! Unglaublich, ja wirklich?

Wenn Sie auf solche Ermunterungen über einen längeren Zeitraum verzichten, wird Ihr Gesprächspartner annehmen, Sie legten keinen Wert auf weitere Ausführungen. Ist er ein rücksichtsvoller Mensch, wird er, falls er über einen gewissen Zeitraum kein Feedback bekommt, bald verstummen. Sie können also mit kurzen Kommentaren für ein gutes Gesprächsklima und für Kontinuität in der Unterhaltung sorgen. Zeigen Sie dem anderen, wie wichtig Ihnen seine Meinung, seine Sicht der Dinge ist. Diese Haltung ist nicht nur taktisch klug. – Es wird Sie erstaunen, welche Fülle interessanter Informationen Sie durch konzentriertes Zuhören erhalten. Probieren Sie es aus!

Wenn Sie richtig zuhören,

> bleiben Sie auf dem Laufenden,
> geraten Sie nicht unnötig in Schwierigkeiten,
> bringen Sie sich in eine gute Verhandlungsposition,
> erweitern Sie Ihren Horizont.

Am wichtigsten ist aber: Ihre Gesprächspartner werden Sie über alle Maßen schätzen, wenn Sie sich die Mühe machen, ihnen wirklich zuzuhören.

Lassen Sie Raum für kurze Pausen

Halten Sie einen kurzen Moment inne, bevor Sie auf die Aussagen Ihres Gesprächspartners reagieren, denn solche Pausen sind eine wahre Wohltat. Sie werden über die Wirkung erstaunt sein. Der andere wird nicht unterbrochen, bekommt die Chance, seinen Gedanken richtig zu Ende zu führen, und Sie geben darüber hinaus zu erkennen, dass Sie wirklich aufmerksam sind und nicht nur darauf warten, endlich selbst »losquasseln« zu können. Einfacher als durch eine zweisekundige Pause lässt sich Hochachtung vor dem anderen nicht demonstrieren.

Hier bewahrheitet sich wieder einmal das alte Sprichwort »Reden ist Silber, Schweigen ist Gold«.

Resümieren Sie die Aussage des anderen in eigenen Worten

Natürlich sorgen verbale Ermutigungen und kurze Gesprächspausen bereits für eine gute Gesprächsatmosphäre. Wenn Sie aber auch zeigen wollen, dass Sie den anderen verstanden haben, sollten Sie seine Aussage an geeigneter Stelle kurz zusammenfassen.

Hat Ihr Gegenüber zum Beispiel gerade ausführlich geschildert, dass er zur Zeit sehr viel zu tun hat, können Sie Verständnis für diese Stresssituation zeigen, indem Sie beteuern: »Ich kann mir sehr gut vorstellen, was diese enorme Arbeitsbelastung für Sie bedeutet.«

Wenn Sie noch einen Schritt weitergehen wollen, sollten Sie sich offen vergewissern, ob Sie den anderen richtig verstanden haben. Auf diese Weise machen Sie deutlich, wie wichtig Ihnen das Thema ist. Fragen Sie also gelegentlich, ob Sie mit Ihrer Zusammenfassung die Dinge korrekt wiedergeben: »Ich möchte sichergehen, dass ich Sie richtig verstanden habe. Lassen Sie mich bitte noch einmal kurz zusammenfassen. Sie vertreten also den Standpunkt …«

Hier geht es natürlich nicht darum, das Gesagte einfach nur zu wiederholen. Sie sollten auch zeigen, dass Sie die Botschaft hinter den Worten empfangen und verstanden haben. Zum Beispiel: »Ich habe den Eindruck, dass Sie mit der augenblicklichen Situation gar nicht zufrieden sind. Sehe ich das richtig?«

Dass Sie diese »Technik« nicht ständig anwenden, versteht sich hoffentlich von selbst. Aber probieren Sie es von Zeit zu Zeit einmal aus. Insbesondere bei schwierigen Themen kann auf diese Weise das Gespräch gut vorangebracht werden.

Noch einmal kurz zusammengefasst: In allen kurzen Unterhaltungen mit Freunden oder Kollegen haben Sie täglich die Chance, die oben angesprochenen Regeln anzuwenden oder eben grob zu miss-

achten. Wenn Sie aufmerksam zuhören, werden Ihnen genügend Anhaltspunkte dafür geliefert, was andere wirklich interessiert.
Sie sollten lernen, Nuancen und Pausen in den Antworten Ihres Gesprächspartners zu erkennen. Nicht nur die Aussagen, auch die Stimme, Betonung und Lautstärke verraten viel über Ihr Gegenüber. Wenn Sie ein Gespür für seine Stimmung entwickeln, können Sie darauf eingehen, ebenso wie auf seine Argumente.

Durch interessierte Fragen oder geschickte Kurzkommentare zeigen Sie, dass Sie zugehört haben, wirklich präsent sind.

Wollen Sie sichergehen, dass Ihre Botschaft den anderen wirklich erreicht, sollten Sie ihm ständig Raum für Reaktionen geben. Ansonsten riskieren Sie, dass man Ihre Informationen einfach nur zur Kenntnis nimmt.

Interessierte Fragen und Nachfragen

Natürlich freut sich der andere, wenn Sie ihn nach seiner Lieblingsmusik fragen. Das ist allerdings nur dann sinnvoll, wenn Sie a) dies zumindest ansatzweise interessiert und Sie b) auch gewillt sind, sich die Antwort einzuprägen. Andernfalls haben Sie am Ende genau das erreicht, was Sie eigentlich vermeiden wollten: Sie stehen als schlechter Zuhörer da. Falls Sie nach 15 Minuten schon wieder vergessen haben, dass Ihr Gesprächspartner gern Miles Davis hört, wirft das ein schlechtes Licht auf Ihr Kommunikationsverhalten.

Wenn Sie sich umgekehrt auch nach Monaten noch an Details der Unterhaltung erinnern, wird man Sie als aufmerksamen Zuhörer schätzen. Denn die meisten Menschen halten sich bei Gesprächen an die Devise »Zum einen Ohr rein, zum anderen raus«. Sie weisen sich nicht gerade als ein höflicher Mensch aus, wenn Sie ein paar Minuten, nachdem Ihr Gesprächspartner erwähnt hat, dass er schon zehn Jahre in München lebt, diesen fragen: »Wohnen Sie eigentlich schon lange in München?«

»Wie geht's?« – »Danke gut. Und Ihnen?« Die Einstiegsfrage-Strategien

»Oh, guten Tag Frau Dillmann, wie geht es Ihnen?« – »Danke, gut. Und Ihnen, Herr Straatke?« – »Auch gut, vielen Dank.« – Nicht gerade abendfüllend, dieses »Gespräch«, oder? Dabei lässt sich mit kleinen Tricks selbst aus einer so banalen Eröffnung, wie »Na, wie geht's denn?«, eine interessante Unterhaltung entwickeln, immer vorausgesetzt, dass beide Beteiligten dies auch wollen.

Zurück zur Ausgangsfrage »Wie geht's?« Sie sollten diese Frage niemals nur mit »Gut, danke« beantworten, es sei denn, Sie möchten die Unterhaltung vorsätzlich möglichst schnell beenden. Ausnahmen sind nur in amerikanischen Bekleidungshäusern erlaubt, wo Sie an jedem Wühltisch vom Verkaufspersonal mit der Frage »How are you today?« beglückt werden. Die dort Beschäftigten wollen vermutlich nicht gleich Ihre ganze Lebensgeschichte hören. Falls sich aber in Deutschland entfernte oder auch nicht so entfernte Bekannte erkundigen, wie es Ihnen geht, dürfen Sie gern etwas ausführlicher antworten.

Wenn Sie nicht unbedingt über sich selbst reden wollen, sondern lieber etwas von Ihrem Gegenüber erfahren möchten, können Sie an das reichlich strapazierte »Wie geht's?« auch gleich eine weitere Frage anhängen: »Ich hörte, Sie kommen gerade aus Los Angeles zurück. Wie war's denn?«

Wer statt mit »Danke, gut« mit »Oh vielen Dank, mir geht's gigantisch« reagiert, muss schon auf einen sehr ignoranten Menschen treffen, wenn dieser nicht interessiert nachfragt: »Na, das höre ich gern. Was ist denn der Grund dafür?« Sie benutzen ein ungewöhnliches Adjektiv, und schon bekommt der Small Talk mehr Schwung.

Natürlich sind Ihrer Fantasie keine Grenzen gesetzt. Wenn Sie sich geschickt anstellen, bestimmen Sie mit Ihrer Antwort gleich den weiteren Gesprächsverlauf: »Danke, großartig, denn nächste Woche fahre ich in Urlaub, und darauf freue ich mich natürlich schon riesig!«, oder »Na, mir geht's ganz gut, danke. Ich bin nur etwas gestresst, muss bis nächste Woche ein Projekt abschließen, und da werde ich wohl die kommenden Nächte durcharbeiten müssen.«

Wenn Ihr Gesprächspartner es will, kann er an Ihre Antwort problemlos anknüpfen: »Oh, da freue ich mich mit Ihnen! Wohin fahren Sie denn?«, oder: »Na, da drücke ich Ihnen die Daumen, dass es nicht allzu anstrengend wird. Woran arbeiten Sie denn gerade?« Genauso gut kann der andere Ihre Brücke aber auch ganz einfach ignorieren und lieber Ihre Gegenfrage beantworten. »Ach mir geht's nicht so besonders. Ich habe mich gerade ziemlich über meinen Fußballtrainer (Chef, Partner, Kollegen, Schwiegersohn etc.) geärgert.« Aber letztlich sind es genau diese unvorhersehbaren Gesprächsverläufe, die Small Talks interessant machen.

Die Frage »Wie geht es Ihnen?« gehört in jedes Small-Talk-Repertoire. Falls Sie darüber hinaus nun aber nach längerer Zeit jemanden wiedertreffen, den Sie etwas näher kennen, ist es eine nette Geste (und ein ausbaufähiges Thema), auch nach der Familie zu fragen. »Und sagen Sie, wie geht es Ihren Eltern (Ihrer Frau/ den Kindern/ usw.)?« Sie zeigen Ihrem Gesprächspartner damit, dass Sie Anteil an seinem Leben nehmen.

Natürlich wissen Sie vorher nicht, welche Lawine Sie mit dieser Frage lostreten. Der eine mag antworten: »Nett, dass Sie fragen. Meinen Eltern geht es prima, vielen Dank«, während der nächste auch nicht das kleinste Detail der Familiensaga auslässt: »Und dann meinte meine Schwiegermutter vor drei Wochen doch allen Ernstes ...« Wie gut, dass wir im Verlauf des Buches auch noch darauf eingehen werden, wie man Small Talks elegant und höflich beendet!

Wer gleich zu Beginn zeigen möchte, dass er Kommunikationsprofi ist, kann die Frage »Wie geht's?« natürlich auch durch eigene Wendungen ersetzen. Eine nicht so gebräuchliche Variante ist zum Beispiel »Geht's gut?« Diese Frage bringt Bewegung ins Gespräch. Gleichzeitig sorgen Sie für eine positive Grundstimmung. Natürlich passt dieses »Geht's gut?« nicht in allzu formellen Situationen, aber häufig bietet es sich als willkommene Alternative zu den Standardfloskeln an.

Noch ein paar Beispiele:
»Schön, Sie hier zu sehen, ganz herzlich willkommen, was macht ...«
Wenn Sie jetzt wissen, wonach Sie gezielt fragen können, haben Sie einen wunderbaren Einstieg.

»Sagen Sie bitte, darf ich Sie fragen, was Ihr Projekt/Vorhaben macht.« Auch so kann Ihr Einstieg aussehen, mit dem Sie Ihr Interesse signalisieren.

»Sie sehen ja gut/schick/wunderbar erholt aus.« Mit einem (halbwegs angemessenen) Kompliment starten Sie sehr elegant.

»Schön, dass ich Sie hier treffe, ich wollte Ihnen danken/gratulieren/meine Anerkennung aussprechen für …« Mit Dank, Lob oder Komplimenten kommen Sie immer leicht und gut ins Gespräch. Das gilt selbstverständlich auch für Anfragen folgender Art: »Gut, dass ich Sie hier treffe. Sagen Sie bitte: Wozu würden Sie mir raten …«, oder: »Was würden Sie tun, wenn …« etc. Nach Einschätzungen und Ratschlägen befragt, reagieren Menschen meistens sehr auskunftswillig.

Mit Fingerspitzengefühl fragen: Interesse, ja – Neugier, nein!

Auch der Small Talk verfügt über seine ungeschriebenen Regeln. So sollte man vermeiden, zu weit in die Privatsphäre des anderen vorzudringen. Es gilt, ein Gespür dafür zu entwickeln, wie weit man mit seinen Fragen gehen darf. Wenn wir Menschen seit längerem kennen, wissen wir in der Regel, ob Sie gern über Privates berichten oder nicht. Bei neuen Bekanntschaften muss man das erst noch herausfinden. Dieses Mitteilungsbedürfnis ist einerseits eine Frage der jeweiligen Persönlichkeit, andererseits aber zum Teil auch eine des Geschlechts. So ist bei Frauen die Bereitschaft, über Persönliches zu reden, in der Regel größer. Auch sind Zuschreibungen, wie die »des fröhlichen Rheinländers« oder »des reservierten Norddeutschen«, nicht vollkommen aus der Luft gegriffen, wenn auch stark pauschalisiert.

Wie weit darf das eigene Interesse also gehen? Als Faustregel kann man sich in jedem Fall merken: »Fragen, die man selbst nicht beantworten möchte, sollte man auch seinem Gegenüber nicht stellen.« Wenn Sie jemanden sehr gut kennen, sind weitergehende Erkundigungen erlaubt.

Einen alten Bekannten können Sie beispielsweise fragen, was das

Flugticket nach Melbourne gekostet hat. Vielleicht wollen Sie das wissen, weil Sie als Tennisfan nächstes Jahr zu den Australian Open fliegen möchten. Richten Sie dieselbe Frage allerdings an eine Dame, der Sie gerade zum ersten Mal begegnen, so wird diese zurecht denken, dass Sie sich nicht für ihre Finanzen interessieren sollten. Wenn sie jedoch von sich aus erzählt: »Vor drei Wochen bin ich spontan nach Australien geflogen. Bei dem Ticketpreis von 750 Euro musste ich einfach zuschlagen«, ist das natürlich eine ganz andere Geschichte.

Am besten stellt man Fragen, die es dem Gesprächspartner überlassen, was er von sich erzählen möchte. Nur allzu vorsichtig sollten Sie wiederum auch nicht sein mit Ihren Erkundigungen. Sonst wird Ihre sehr dezente Frage »Waren Sie im Urlaub?« womöglich einfach nur mit »Ja, ich war im Urlaub« beantwortet. Die neugierige Nachfrage nach dem Urlaubsziel ist schon gestattet.

»Im Kino? Ein spannender Film?« Über den Einsatz von Minimal-Fragen

Angenommen, Sie haben sich mit einem Kollegen zum Mittagessen verabredet. Gerade erzählt Ihr Gegenüber, dass er gestern im Kino war. Nun könnten Sie natürlich fragen: »Oh, im Kino waren Sie! Welchen Film haben Sie gesehen?« Das geht allerdings auch entschieden kürzer.

Berichtet also jemand: »Ich war gestern im Kino«, antworten Sie ganz einfach: »Im Kino?« In diese zwei Wörter können Sie mit der richtigen Betonung so viel Neugier und Interesse packen, dass der andere gerne weitererzählt. »Ja, wir waren im Kino und haben uns den neuen Film mit Jennifer Lopez angeschaut.« – »Jennifer Lopez?«, fragen Sie fasziniert. »Ja, die Frau ist eine erstaunlich gute Schauspielerin, was man gar nicht vermutet hätte, wenn man bisher nur Ihre Platten kannte. In dem Film spielt Sie eine Frau, die Hochzeitsfeiern plant.« Und wieder erkundigen Sie sich: »Hochzeitsfeiern?« – »Ja, Hochzeitsfeiern, bis die Lopez dann eines Tages Ihre heimliche Liebe mit einer anderen Frau verkuppeln soll.«

Diese Technik hat folgendes Prinzip: Ohne dass Sie übermäßig intelligente Fragen stellen, gegebenenfalls auch ohne intensives Zuhören, nehmen Sie einfach die letzten Wörter Ihres Gesprächspartners auf. Damit spielen Sie den Ball zurück und können sich entspannt zurücklehnen. Ihr Gegenüber wird Sie als aufmerksamen und angenehmen Small Talker empfinden. Dabei haben Sie nichts weiter getan, als Gesprächsfetzen wiederholt. Da behaupte noch jemand, Small Talks seien schwierig!

Durch Fragen Themen lenken

Angenommen, Sie möchten einem Kollegen, der Sie gerade mit den Fußballergebnissen vom Wochenende langweilt, lieber etwas über ihre pfiffige fünfjährige Tochter erzählen. Dann wäre die Überleitung »Ah ja, sehr interessant, aber stellen Sie sich vor, was meine kleine Anna mich gestern schon wieder gefragt hat ...« wohl etwas plump. Wesentlich geschickter ist es, den Gesprächspartner dazu zu bewegen, dass er Sie nach Ihrer Tochter fragt.

Das geht ganz einfach. Sie knüpfen an das Fußballthema an, indem Sie zum Beispiel sagen: »Ich erinnere mich, dass Sie vor ein paar Wochen Ihren Sohn mit ins Stadion genommen hatten. Wie alt ist der Kleine eigentlich? Das muss ja ein großes Erlebnis für ihn gewesen sein.« Jetzt wird Ihr Kollege voller Stolz von seinem sportlichen Sohn berichten, und wenn Sie Glück haben, fragt er im Anschluss, was es Neues von Ihrer Tochter zu berichten gibt. Und selbst wenn diese Frage ausbleibt, werden Sie jetzt einen leichten Übergang finden.

Mit Fragen zu lenken ist überhaupt eine sehr beliebte und wichtige Small-Talk-Strategie. Wer am Vorabend etwas Spannendes erlebt hat und darüber unbedingt reden will, nimmt am besten folgenden Umweg: »Nun erzählen Sie mal, Frau Gebach, sind Sie gestern Abend nach der Sitzung wirklich noch ins Kino gegangen?«
Nachdem die Kollegin ausführlich berichten konnte, wie im neuen James-Bond-Film reihenweise Hubschrauber und Motorboote explodierten, werden Sie anschließend leichter über das neue ägyptische Restaurant mit Bauchtanz und Wasserpfeife-Rauchen reden können.

Mit der oben beschriebenen Taktik zeigen Sie zunächst Interesse für Ihren Gesprächspartner, bevor Sie die eigenen Lieblingsthemen anschneiden. Das ist sicherlich ein kluger Schachzug. Umgekehrt sollten Sie vorsichtshalber davon ausgehen, dass andere Ihnen vor allem deshalb die Frage nach dem gestrigen Fernsehabend stellen, weil sie anschließend von ihren eigenen TV-Erlebnissen berichten wollen. Hinter der Frage nach dem Verlauf des Wochenendes steckt meist der Wunsch: »Frage mich doch bitte, bitte, was ich am Sonntag gemacht habe!«

Vermeiden Sie Unterbrechungen

Wahrscheinlich gibt es kein Thema, zu dem man nicht selbst irgendetwas beizutragen hat, und sei es nur ein Kommentar, wie »Interessiert mich nicht« oder »Find ich blöd«. Diese »Anteilnahme« ist vom Ansatz her ganz richtig, denn schließlich will man Gedanken austauschen und nicht nur den Monologen anderer lauschen. Manchmal jedoch sollte man darauf verzichten, sich einzumischen, denn Unterbrechungen stören oft die Gesprächsatmosphäre. Allzu schnell entsteht der Eindruck, man könne und wisse ständig alles besser und habe schon Spannenderes erlebt.

Angenommen, Sie fragen Ihre Kollegin Frau Müller, was sie am Wochenende erlebt hat. Das ist zunächst einmal eine nette Geste. Falls Frau Müller nun erzählt, sie sei mit ihrem Mann zur Baumblüte ins Alte Land gefahren und es habe ihr großartig gefallen, dann sollten Sie sie in Ruhe erzählen lassen und ihr durch weitere Fragen (»In welchem Ort waren Sie denn genau?« oder »Können Sie dort ein gutes Lokal empfehlen?«) zu erkennen geben, dass Sie die Freude mit ihr teilen.

Doch leider verlaufen viele Small Talks anders. Da hat Frau Müller kaum den Mund geöffnet und sagt: »Oh, wir waren im Alten L...«, und schon wird sie unterbrochen. »Was? Das gibt es ja gar nicht. So ein Zufall. Wir waren nämlich auch dort. Bei dem herrlichen Wetter war das auch das beste, was man tun konnte. Wir haben uns nur geärgert, dass wir im Gasthof ewig auf das Essen warten mussten. Als es dann kam, war es schon kalt. Und die Preise waren auch ziemlich unverschämt. Und dann der Stau, als wir nach Hamburg zurückwollten ...«

Wir erinnern uns: Ursprünglich sollte Frau Müller vom Wochenende erzählen. Nur wird ihr nach dieser Unterbrechung die Lust darauf vergangen sein. Dabei hätte es ein Gespräch wie aus dem Small-Talk-Lehrbuch werden können. Die Voraussetzungen waren hervorragend: zwei gutgelaunte Kolleginnen, die sich nach einem ereignisreichen Wochenende auf dem Flur begegnen. Eine der beiden scheint sich zunächst auch für die Erlebnisse der anderen zu interessieren, was in den meisten Fällen sehr gut ankommt. Doch werden die Potenziale nicht genutzt. Am Ende hat Frau Müller den Eindruck gewonnen, ihre Kollegin sei absolut selbstbezogen.

Es gibt eine weitere »beliebte« Möglichkeit, sich unsensibel im Small Talk zu verhalten. Bleiben wir beim Beispiel »Baumblüte im Alten Land« und nehmen wir in diesem Fall einmal an, Frau Müller erzählt in der Tat ganz begeistert vom Wochenende. Abschließend fragt sie ihre Kollegin, ob diese auch schon mal im Alten Land gewesen sei. Die Antwort lautet: »Ach wissen Sie, Frau Müller, seit ich letztes Jahr mit meinem Mann die blühenden Obstbäume in Japan gesehen habe, kann ich mich fürs Alte Land nicht mehr so recht begeistern. In Asien gibt es wegen des milden Klimas eben doch eine ganz andere Vegetation.«

Auch dieser Kommentar lässt die Sprecherin nicht gerade sympathisch erscheinen. Es mag ja sein, dass sie schon viel gereist ist. Und sicherlich gibt es genügend Gelegenheiten, von japanischen Obstgärten zu sprechen. Doch alles zu seiner Zeit. Wenn der Gesprächspartner gerade ein angenehmes Erlebnis geschildert hat, muss man ihm nicht im selben Moment zu verstehen geben, dass das ja noch gar nichts sei, dass man selbst schon viel Interessanteres erlebt habe. Es sei an dieser Stelle noch einmal wiederholt und betont, dass Small Talk vor allem Sympathie erzeugen soll!

Bitten Sie andere um Rat

Menschen lieben es, Ratschläge zu erteilen. Wer geschickt ist, nutzt diesen Umstand. Lassen Sie uns aber zunächst die psychologische Seite dieses Phänomens betrachten: Wenn Sie jemanden um Rat bitten, ist das ein Vertrauensbeweis. Sie zeigen, dass Sie Wert auf sein Urteil legen und dass Sie ihm zutrauen, er könne Ihnen weiterhelfen. Die meisten Menschen helfen gern. Und Sie bekommen hoffentlich nützliche Informationen.

Natürlich sind Äußerungen wie »Wo Sie doch gerade Ihr Haus renoviert haben, können Sie mir doch bestimmt einen zuverlässigen Elektriker empfehlen!« oder »Sie sind doch häufig in Spanien. Meine Freundin und ich wollen dieses Jahr zum ersten Mal hinfahren. Welche Insel würden Sie uns denn da empfehlen?« aus den oben erwähnten Gründen strategisch günstig, zeigen Sie damit doch, wie sehr Sie das Urteilsvermögen des anderen schätzen. Vor allen Dingen aber können Sie darauf hoffen, einen ordentlichen Handwerker zu finden oder eine interessante Urlaubsreise zu erleben. Natürlich findet man Elektroinstallateure auch im Telefonbuch und Reiseangebote und -empfehlungen im Katalog. Nur sind persönliche Empfehlungen meistens verlässlicher.

Sie wollen also wissen, wie im November das Wetter in der Türkei ist, wo man die frischesten Erdbeeren kaufen kann oder wer schnell, gut und preisgünstig Autos repariert? Kein Problem! Schneiden Sie diese Themen einfach in Small Talks an. Überlegen Sie sich allerdings vorher, wen Sie um Rat bitten. Häufig sind Hinweise sehr subjektiv. Wenn beispielsweise Ihr Kollege einen Zahnarzt in der Familie hat, wird er Ihnen vermutlich diesen empfehlen. Der muss zwar nicht zwangsläufig schlecht sein, aber vielleicht sollte man in einem solchen Fall doch besser mit dem Angestellten einer Krankenkasse sprechen.

Wer diese »Ratschläge-Strategie« allerdings nur benutzt, um sich bei seinen Mitmenschen einzuschmeicheln, muss aufpassen, dass der Schuss nicht nach hinten losgeht. Da hat Ihr Kollege Meier nun stundenlang herumtelefoniert, damit sein Elektriker sich mal Ihre Baustelle anschaut, und Ihnen fällt dazu nur ein: »Nett von Ihnen, Herr

Meier, aber ich habe da schon jemand anders gefunden.« Auf diese Weise können Small Talks auch recht unangenehm enden. Kollege Meier jedenfalls wird sich in nächster Zeit nicht mehr so schnell für Sie engagieren.

Das Bewältigen von Small-Talk-Hürden

Die richtige Dosierung von Komplimenten

Menschen lieben es nicht nur, Ratschläge zu geben, sondern hören insbesondere Komplimente und Lob »schrecklich« gern. Aber auch dabei gilt es, Regeln zu berücksichtigen, ansonsten führen selbst gutgemeinte Komplimente und echtes Lob schnell zu Irritationen.

Bei Komplimenten sollten Sie in jedem Fall Übertreibungen vermeiden. Natürlich sind kleine Schmeicheleien eine nette Geste, nur sollten Sie nicht ständig heruntergebetet werden. Wer jeden Morgen durch die Büroetage streift und allen anwesenden Damen erzählt, wie elegant sie wieder einmal ausschauen, meint das vielleicht nett, wirkt aber unglaubwürdig und will sich offenkundig lieb Kind machen.

Ein ebenso großer Fauxpas ist es, sich zu einer Gruppe von fünf Frauen zu gesellen und lautstark kundzutun: »Sie sehen heute aber großartig aus, Frau Thurnbacher.« Mit dieser einen Bemerkung haben Sie ganz schnell vier neue Feindinnen. Denn die restlichen Damen aus der Gruppe entnehmen Ihrem Ausspruch, mit dem Sie ursprünglich das Betriebsklima verbessern wollten: »Aha, der Schulze findet also, dass wir im Vergleich zur Thurnbacher aussehen wie die letzten Kühe.« Da nützt es auch nicht, die anderen im Nachhinein zu loben.

Eine Grundregel für Komplimente muss also sein: Achten Sie darauf, (unbewusst) nicht gleichzeitig andere herabzusetzen. Wenn Sie Ihrer Kollegin etwas Freundliches vermitteln wollen, funktioniert das am besten, wenn Sie allein mit Ihr sprechen.

Ein anderer wichtiger Punkt zum Thema Komplimente: Wenn man

Ihnen etwas Nettes sagt, wie zum Beispiel: »Sie haben da aber einen sehr schönen Mantel, Herr Bachmann«, dann antworten Sie möglichst nicht: »Was, diese alte Pferdedecke. Das Teil hab ich für fünf Mark auf dem Flohmarkt gekauft.« Freuen Sie sich über das Gesagte. Seien Sie nicht peinlich berührt. Bedanken Sie sich in wenigen Worten, vielleicht so: »Oh, vielen Dank, Frau Vogt. Ich fühle mich auch sehr wohl in diesem Mantel.«

Doch zurück zum Verteilen von Komplimenten und der Maßgabe, dabei nicht zu übertreiben. Angenommen, einer Ihrer Kollegen, der in der Regel sehr nachlässig gekleidet ist, hat sich tatsächlich ein neues Hemd gegönnt. Das fällt Ihnen natürlich auf. Sie wollen freundlich sein und lassen sich zu der Bemerkung hinreißen: »Schickes Hemd, Herr Tegmann. Genau so etwas suche ich schon seit Jahren.« Das meinen Sie zwar nicht wirklich, aber Sie möchten mit dieser Übertreibung sichergehen, dass die Botschaft wirklich ankommt.

Eine Woche später haben Sie dann Geburtstag. Die ganze Abteilung hat zusammengelegt, um auf Anregung des Kollegen Tegmann im Supermarkt um die Ecke gleich eine Dreierpackung des Hemdes zu kaufen, das Sie so bewundert hatten. Wenn Sie diese Polyester-Ungetüme in der nächsten Zeit nicht regelmäßig im Büro tragen, haben Sie die 15 Kollegen gekränkt. Die Moral von der Geschicht: Komplimente sollten wenigstens der Tendenz nach aufrichtig sein und sind eher vorsichtig zu formulieren. Anderenfalls wirken sie unglaubwürdig oder führen zu Missverständnissen.

Und noch eine Anmerkung zu Komplimenten: Nutzen Sie die Tatsache, dass in den meisten Unternehmen gern getratscht wird. Manchmal wirkt es recht plump, einer Kollegin direkt zu sagen: »Das haben Sie aber großartig gemacht, Frau Tietze!« Erzählen Sie es besser einer anderen Kollegin, die berüchtigt dafür ist, Neuigkeiten nicht länger als fünf Minuten für sich behalten zu können. Vermutlich wird sie auch diese Botschaft transportieren, und irgendwann kommt das Kompliment dann bei Frau Tietze an.

Grundsätzlich geht es also bei Komplimenten um Aufrichtigkeit, den richtigen Zeitpunkt, die Absicht und Wortwahl. Außerdem spielen das Selbstwertgefühl des Empfängers, seine Position und Erfahrung mit Komplimenten und natürlich die Gewandtheit des Absenders eine Rolle. Weiterhin ist noch zu berücksichtigen, in welcher Beziehung die Beteiligten zueinander stehen.

So bekommt ein Kompliment mehr Gewicht, wenn sich ein Vorgesetzter etwas zurücknimmt: »Vielen Dank, Frau Schmidt. Ich freue mich, wie schnell Sie das Projekt abgeschlossen haben. Ich bin mir gar nicht sicher, ob ich das in der kurzen Zeit geschafft hätte.« Es wäre jedoch ungeschickt und anbiedernd, wenn sich Frau Schmidt mit einer vergleichbaren Bemerkung bei ihrem Chef einschmeicheln wollte. Komplimente austeilen will also ein wenig geübt sein.

Die Häppchen-Taktik

Vermutlich kennen Sie die folgende Situation aus eigener Erfahrung: Kollege Klaus war mit Freundin Gabi in Griechenland. Klaus ist leidenschaftlicher Hobbyfotograf. Jetzt sind die beiden zurück und laden zum Diaabend ein. Zwischen Rotwein und Käsehäppchen gibt es dann Gabi am und im Pool, Gabi auf der Liege, Gabi in der Taverne, Gabi im Café, Gabi auf Kreta, Klaus auf Santorin und ein Bild von beiden auf der Autofähre. Nach einer Viertelstunde sind nicht nur Sie, sondern auch die anderen Gäste kurz davor einzuschlafen.

Nun sind leider nicht nur Urlaubsbilder langweilig für den, der nicht dabei war. Was man selbst für absolut spannend und wichtig hält, interessiert das Gegenüber häufig entweder gar nicht oder nur am Rande.

Natürlich muss das nicht zwangsläufig so sein. Genauso gut gibt es Themen, über die auch der Gesprächspartner gern reden oder mehr erfahren würde. Wenn man Menschen gerade erst kennen gelernt hat, muss man sich langsam an diese gemeinsamen Interessen herantasten. Wir nennen das die Häppchen-Taktik.

Bevor Sie in aller Ausführlichkeit auf das eine oder andere Thema eingehen, sollten Sie zunächst herausfinden, ob es den Zuhörer interessiert. Angenommen, in einer Konferenzpause spricht Sie ein anderer

Teilnehmer auf ihre Urlaubsbräune an: »Sie sehen so erholt aus. Waren Sie im Urlaub?«

Wer kurz angebunden ist, antwortet: »Stimmt, ich war im Urlaub!« Der Selbstsüchtige (oder Small-Talk-Unerfahrene) hält einen halbstündigen Monolog darüber, wie er in Kalifornien den Highway One von San Francisco bis Los Angeles heruntergefahren ist. Er lässt bei seiner Schilderung kein einziges Verkehrsschild aus und ist so fasziniert vom eigenen Bericht, dass er beinahe das Luftholen vergißt.

Natürlich ist keine der beschriebenen Reaktionen dazu geeignet, neue Freunde zu gewinnen. Als Kommunikationsprofi werfen Sie Ihrem Gesprächspartner erst einmal ein Häppchen hin, das am besten aus drei Sätzen besteht und am Ende eine Frage enthält, die es dem Gegenüber leicht macht, den Small Talk fortzusetzen.

Sie erwidern also: »Ja, ich war mit meiner Frau für drei Wochen in Kalifornien. Wir sind die Küste entlang gefahren und kamen absolut begeistert zurück. Waren Sie schon einmal in Kalifornien?« Zum einen erkennen Sie an der Antwort Ihres Gegenübers, ob er einen ausführlicheren Bericht hören will. Aber selbst wenn Sie zunächst den Eindruck gewinnen, dass der andere interessiert ist, werden Sie als erfahrener Small Talker während Ihrer Erzählung auch seine Gestik und Mimik verfolgen. Wenn Ihr Gesprächspartner den Blick durch den Raum schweifen lässt, statt Sie anzuschauen, ist das ein untrügliches Zeichen dafür, dass er sich langweilt. Höchste Zeit, das Thema zu wechseln!

Die Kunst des Geschichten-Erzählens

Wenn im Small Talk jeder dem anderen den Vortritt lassen will, wird das unter Umständen ein äußerst langweiliges Gespräch. Da fragt der eine, wie es dem anderen wohl gehe, und der Angesprochene mag aus Angst, den Fragesteller mit einer ausschweifenden Erklärung zu langweilen, kaum mehr antworten als: »Danke, gut. Und wie geht es Ihnen?«

Wer etwas Spannendes erlebt hat und davon auch so packend berichten kann, dass sich die Begeisterung auf den Gesprächspartner überträgt, der wird auch einmal länger als 30 Sekunden am Stück reden können. Hier zeigt sich, wie sehr das Geschichten-Erzählen zum Gelingen eines Small Talks dazugehört. Wenn Sie etwas erzählen, sollten Sie dabei immer die folgenden Punkte berücksichtigen:

> Stellen Sie Gesichtspunkte in den Mittelpunkt, mit denen sich Ihre Gesprächspartner in irgendeiner Form identifizieren können.
> Bringen Sie auf intelligente Weise anschauliche Beispiele. Wenn Sie erzählen, Israel sei 22.000 qkm groß, so kann damit niemand etwas anfangen. Das Ganze wird anschaulicher durch den Vergleich mit der italienischen Insel Sardinien, die sich über 24.000 qkm erstreckt.
> Entwickeln Sie einen Blick für das Außergewöhnliche im Alltag. Dass Sie täglich mit der S-Bahn zur Arbeit fahren, ist nun wahrlich nicht interessant. Aber wie es dort gestern diesem Musiker gelang, mit einem einzigen Lied die Stimmung von 20 müden und schlecht gelaunten Fahrgästen zu verbessern, das ist durchaus erwähnenswert.

Begnadeten Small Talkern gelingt es, ein scheinbar unwichtiges Erlebnis an der Supermarktkasse so zu schildern, als ginge es um die erste Mondlandung. Sie stehen auf der Cocktailparty und fünf Leute hören ihnen so fasziniert zu, dass sie darüber das Trinken vergessen. Diese Begabung fällt einem nicht über Nacht zu, aber man kann schrittweise von Profis lernen.

Wie Sie mühelos Schweigepausen überbrücken

Sie sind Gast bei einem Empfang und unterhalten sich. Die Standardthemen Beruf und Wohnort sind abgehakt. Und nun scheint weder Ihnen noch Ihrem Gegenüber irgendetwas Interessantes einzufallen. Es herrscht großes Schweigen. Ein unangenehmes Gefühl ist das schon, wenn keiner etwas sagt, obwohl die Situation es eigentlich verlangt. Warten Sie in solchen Schweigepausen nicht darauf, dass der andere aktiv wird! Ergreifen Sie lieber selbst die Initiative!

Nun könnten Sie natürlich irgendetwas fragen. Aber vergessen Sie für einen Moment ruhig einmal sämtliche Fragestrategien! Wenn der andere gerade nichts sagt, hat er vielleicht im Moment auch nicht das Bedürfnis, mehr oder weniger intelligente Fragen zu beantworten. Vielleicht würden Sie nur eine kurze Antwort erhalten, und dann wären Sie wieder am Ausgangspunkt: beim Schweigen. Erzählen Sie lieber selbst eine kurze Geschichte! Sprechen Sie besser über ein interessantes Ereignis der letzten Tage oder berichten Sie, worauf Sie sich in nächster Zeit besonders freuen. Wenn Sie in diese Geschichten Persönliches einfließen lassen, bauen Sie gleichzeitig ein Vertrauensverhältnis auf. Sie geben Ihrem Gegenüber das Gefühl, ihn an Ihrem Leben teilhaben zu lassen. Nur sollten Sie nicht unbedingt erzählen, wie Sie sich gestern mit Ihrer Schwiegermutter gestritten haben. Vermitteln Sie eine positive Grundstimmung.

Schauen Sie sich die folgenden typischen Anfänge für kurze Geschichten in Small-Talk-Situationen an:

> »Sie werden mir nicht glauben, was ich heute auf der Autobahn erlebt habe …«
> »Gestern im Supermarkt dachte ich, ich traue meinen Augen nicht …«
> »Bei dem herrlichen Wetter in den letzten Tagen konnte ich endlich …«
> »Gestern wurde in der Tagesschau berichtet, dass …«
> »Heute früh dieser Artikel in der Zeitung über …«
> »Diese Veranstaltung erinnert mich an …«
> »Ich bin ja so froh, noch Karten für das Konzert bekommen zu haben …«

Natürlich nutzen Sie diese Situation nicht für einen stundenlangen Monolog. Sinn ihrer kurzen Erzählung ist es, die Schweigepause zu überbrücken. Wenn Sie kein allzu exotisches Thema gewählt haben, wird Ihr Gegenüber leicht wieder in die Unterhaltung einsteigen können. Und noch etwas ist wichtig: Ihre kurze Geschichte muss zum Gesprächspartner passen. Bedenken Sie, wie schnell bei manchen Menschen Neid oder Minderwertigkeitskomplexe entstehen. Wenn Sie den anderen kaum kennen, reden Sie im Zweifelsfall lieber nicht über Ihr neues Auto, den letzten Urlaub in Übersee oder das Segelboot, sonst kommt leicht Missgunst auf.

Noch ein anderes Beispiel für eine unbeabsichtigte Wirkung: Sie denken sich nichts Böses dabei, wenn Sie erzählen, dass am Wochenende ein alter Studienfreund zu Besuch kommen wird. An diesem Ereignis lässt sich im ersten Moment wirklich nichts Anstößiges entdecken. Aber warum schaut Sie Ihr Gesprächspartner plötzlich so feindselig an? Falls er selbst nicht studiert hat, mag er eine generelle Antipathie gegen Hochschulabsolventen haben. Wenn Sie also in dieser Situation statt »Studienfreund« das Wort »Freund« gebraucht hätten, wäre es gar nicht zu dieser Verstimmung gekommen.

Was man aus solchen Gesprächssituationen lernen kann? Small Talks bieten gute Gelegenheiten zur Selbstdarstellung. Wer klug ist, präsentiert sich als sympathisch, unkompliziert und auf keinen Fall als überheblich. Erzählen Sie also lieber, dass Sie am Wochenende die Stühle auf den Balkon gestellt haben, und nicht etwa, dass Sie in Ihrem Ferienhaus waren.

Über den Umgang mit schwierigen Gesprächspartnern

Es wäre natürlich angenehm, würde man immer nur auf sympathische, rücksichts- und taktvolle Gesprächspartner treffen. Doch das ist leider manchmal ganz anders. So wird man immer wieder mit Fragen konfrontiert, die man ganz einfach nicht beantworten möchte, weil sie das Gegenüber wirklich nichts angehen.

Angenommen, Ihr Gesprächspartner fragt Sie: »Was ist denn in Ihrer alten Firma genau vorgefallen, dass Sie gekündigt haben?« Vermutlich denken Sie daraufhin: »Das geht Sie überhaupt nichts an.« Aber das sagen Sie natürlich nicht. Stattdessen lächeln Sie freundlich und antworten: »Irgendwann kommt die Zeit für neue Herausforderungen, und diesen Zeitpunkt habe ich jetzt gerade erreicht.«

Falls der andere nicht locker lassen will und nachhakt: »Erzählen Sie mal! Irgendetwas wird doch passiert sein«, bleiben Sie ruhig und charmant und wiederholen Sie ganz einfach Ihre ursprüngliche Antwort, notfalls auch drei- oder viermal: »Irgendwann kommt einfach eine Zeit für neue Herausforderungen, und für mich war es jetzt der richtige Zeitpunkt.« Das klingt natürlich sehr nach kaputter Schallplatte, aber auf diese Weise bringen Sie früher oder später auch die aufdringlichsten Fragesteller zum Schweigen, ohne dabei aus der Rolle zu fallen.

Ein anderes Small-Talk-Problem sind Gesprächspartner, die sich selbst gern reden hören, und das stundenlang und pausenlos. Was machen Sie in dieser Situation? Gar nichts! Sie stehen einfach da und schweigen, verzichten also auf die üblichen Floskeln wie »Aha«, »Ach was«, Gibt's ja gar nicht«, »Ist ja interessant«. Früher oder später (vermutlich erst später) wird der andere innehalten und sich fragen: »Was ist denn los? Warum kommt keine Reaktion?« Das ist im Grunde die einzige taktvolle Möglichkeit, ihm zu vermitteln, er möge doch endlich den Mund halten.

Achtung, Fettnapf!

Da es keine wirklich eleganten Wege aus peinlichen Situationen gibt, vermeidet man es klugerweise von vornherein, sich in die Nesseln zu setzen. Das ist auch gar nicht so schwierig. Die größte Gefahrenquelle kann man gleich umgehen, indem man weitestgehend auf Verallgemeinerungen verzichtet. Bevor man also das nächste Mal Weisheiten, wie »Nach BC fahren nur Idioten!«, »Bei XY kaufen nur Asoziale!« oder »YZ kann man nicht essen!«, von sich gibt, geht man lieber kurz in sich und drückt sich anschließend differenzierter, vorsichtiger und vor allem freundlicher aus.

Und wenn man nun doch knietief im Fettnapf steckt? Da stehen Sie auf der Party und unterhalten sich mit einem Herrn, den Sie gerade erst kennen gelernt haben. Um eine Schweigepause zu überbrücken, bitten Sie Ihren Gesprächspartner, doch mal unauffällig einen Blick zum Büfett hinüberzuwerfen. »Schauen Sie mal, was sich die dicke Blonde in dem roten Kleid alles auf den Teller häuft. Die Dame sollte lieber mal ernsthaft über eine Diät nachdenken! Was meinen Sie?« Der andere erwidert kühl: »Meine Frau wird sicherlich gleich hierher kommen. Warum geben Sie Ihr den Tipp dann nicht einfach persönlich?«

Nun können Sie natürlich sagen: »Entschuldigung, das habe ich nicht so gemeint!«, aber damit ist die Situation auch nicht mehr zu retten. Solche drastischen Fehler sind kaum wieder gutzumachen. In diesem Extremfall bleibt eigentlich nur ein Ausweg: Mantel holen und gehen.

Zum Glück sind solche groben Aussetzer äußerst selten. Aber wie verhält man sich nach weniger dramatischen unbedachten Äußerungen? Wer anfängt herumzustottern und versucht, alles ins Gegenteil zu verkehren, macht die Sache in der Regel nur noch schlimmer. Wenn man andere Personen mit seinen Worten beleidigt hat, dann bekennt man am besten geradeheraus: »Ich möchte mich bei Ihnen entschuldigen. Da habe ich wirklich etwas Unüberlegtes gesagt.«

Über den Umgang mit Missgeschicken

Selten steckt Absicht dahinter, aber es kommt gelegentlich doch vor: Das Rotweinglas, das eben noch auf dem Tisch stand, liegt nun auf dem hellen Teppichboden Ihrer Gastgeberin. Und nicht nur das Glas, sondern auch dessen Inhalt. Kein schöner Anblick, dieser Fleck.

Falls Sie sich wundern, was diese Situation mit Small Talk zu tun hat: Nun ist genau der Moment, in dem Sie Ihre Kommunikationssouveränität unter Beweis stellen müssen. Natürlich legen Sie eine Serviette auf die Pfütze, weil das den Schaden vermutlich begrenzen wird. Ansonsten bleiben Sie aber gelassen und rennen nicht aufgeregt durch den Raum, um sich tausendmal für Ihr Missgeschick zu entschuldigen, sondern setzen Ihre Unterhaltung mit der Tischnachbarin fort.

Wenn Sie sich dann am Ende der Feier bei der Gastgeberin für den angenehmen Abend bedanken, bieten Sie ihr an, eine Reinigungsfirma zu beauftragen, die den Fleck beseitigt. Dass Sie dieses Versprechen einhalten, ist Ehrensache. Eine zusätzliche nette Geste ist es auch, der Dame des Hauses am nächsten Tag einen Blumenstrauß zu schicken.

Nun ist man nicht immer selbst derjenige, dem ein Missgeschick passiert. Sie unterhalten sich angeregt auf einer Cocktailparty, als drei

Meter weiter ein anderer Gast mit einem Kellner zusammenstößt. Zwölf Kristallgläser landen auf dem Parkett. Alle drehen sich um. »Oh, oh«, »Na, wie ungeschickt«, »Peinlich, peinlich«, »Manche Leute sollten besser etwas weniger trinken« sind nur einige der zahlreichen Kommentare. Überall wird getuschelt. Die meisten starren den Verursacher an. Sie nicht!

Als Small-Talk-Profi stehen Sie über solchen Zwischenfällen. Kleine Missgeschicke Ihrer Mitmenschen übersehen Sie ganz einfach. Man wird es Ihnen danken. Niemand möchte wegen seiner Ungeschicktheit vorgeführt werden.

Der etwas andere Gesprächsabschluss

Sie treffen auf einer Vernissage eine alte Bekannte wieder, die Sie seit mindestens einem Jahr nicht mehr gesehen haben. Man tauscht die üblichen Höflichkeitsfloskeln aus: »Wie geht's Ihnen? Wie geht's der Familie? Was macht der Job? Haben Sie sich gut in der neuen Wohnung eingelebt?« Ein wirkliches Gespräch kommt nicht zustande, und Sie überlegen angestrengt, welche Standardfrage Sie als nächstes abspulen könnten. Schließlich wollen und können Sie Ihr Gegenüber nicht einfach kommentarlos stehen lassen. Eine Möglichkeit besteht darin, Ihr Gegenüber »in die Wüste« oder in diesem Falle auf die Dachterrasse zu schicken, während Sie an Ort und Stelle bleiben. Das funktioniert wie folgt: Sie berichten ganz begeistert, dass es im Museum einen wunderschönen Dachgarten mit Blick über die halbe Stadt gibt. Sie selbst kämen gerade von dort oben zurück und seien ganz begeistert: »Wenn Sie die Terrasse noch nicht kennen, müssen Sie sich das unbedingt anschauen!«

Falls dieser Wink mit dem Zaunpfahl noch nicht deutlich genug war, können Sie ein bisschen drängeln: »Am besten gehen Sie jetzt gleich dort hoch, denn die schließen bald!« So beenden Sie einen schleppenden Small Talk, und Ihre Gesprächspartnerin wird sich kaum darüber den Kopf zerbrechen, ob Ihr Tipp ernst gemeint war oder ob Sie sie lediglich abschütteln wollten.

Lohnenswerte Small-Talk-Lernziele

Mit Kommunikation werden immer auch Ziele verfolgt. Wenn der Drehbuchautor auf der Party mit der Unterhaltungschefin des Fernsehsenders spricht, dann bestimmt nicht nur, weil er hören will, wie gestern das Wetter in München war. Hinter allem, was der Small-Talk-Profi verbal von sich gibt, ist eine Absicht zu vermuten. Allerdings ist die Strategie »Nun plaudere ich fünf Minuten mit Frau XY, und die kauft dann meine nächsten drei Drehbücher«, wirklich nur etwas für Fortgeschrittene. Der ungeübte Small Talker, der Vergleichbares anstrebt, wirkt mit solchen Plänen bestenfalls unbeholfen.

Kommunikationsziel und Small-Talk-Fähigkeiten müssen zueinander passen. Niemand wird auf die Idee kommen, nach einer Woche Tennisunterricht Wimbledon gewinnen zu wollen. Und ob einem das nun gefällt oder nicht: Auch Small Talk will trainiert werden. Daher empfiehlt es sich, seine Ziele realistisch zu setzen.

Am Anfang sollten immer Selbstbewusstsein und Souveränität stehen. Wer nur sein – womöglich auch noch unrealistisches – Ziel vor Augen hat, wirkt verkrampft und viel zu bemüht darum, einen guten Eindruck zu hinterlassen. Er wird kaum wahrnehmen, was um ihn herum passiert. Dabei ist, wie Sie schon wissen, genau dies eine der Grundvoraussetzungen für gelungene Small Talks: die Reaktionen der Gesprächspartner richtig zu interpretieren.

Ihre ersten Small-Talk-Ziele sollten wie folgt aussehen:

> Ich sorge dafür, dass sich mein Gegenüber im Gespräch mit mir wohl fühlt.
> Ich will als sympathisch, als angenehm und locker wahrgenommen werden.
> Ich höre aufmerksam zu und rede nicht pausenlos von mir selbst.
> Ich stelle vor allem Fragen und gebe meinem Gesprächspartner Raum.

Für den Anfang sind diese Ziele absolut ausreichend, und wenn man Sie erst einmal sympathisch findet, besteht eher die Möglichkeit, dass Sie gefragt werden, ob Sie nicht Ihr Drehbuch verkaufen wollen.

So können Sie Ihr Small-Talk-Verhalten überprüfen

Abends die Gesprächssituationen des Tages Revue passieren lassen

Nehmen Sie sich regelmäßig die Zeit, um zu überlegen, mit wem Sie sich im Laufe des Tages unterhalten haben. Denken Sie dabei zunächst an Gesprächssituationen am Arbeitsplatz, berücksichtigen Sie aber auch Telefongespräche. Damit daraus aufschlussreiche Analysen werden, sollten Sie sich die folgenden Fragen beantworten:

> Mit wem haben Sie gesprochen? (Status, Alter, Geschlecht)
> Wer hat das Gespräch eröffnet?
> Was war der Gesprächsaufhänger?
> Wo fand der Small Talk statt?
> Was war das Hauptthema?
> Hat Sie das Thema wirklich interessiert oder haben Sie sich eher aus Höflichkeit oder strategischen Gründen unterhalten?
> War das Gespräch ausgeglichen oder hat im Wesentlichen nur einer gesprochen?
> Hat Ihnen die Unterhaltung Spaß gemacht oder waren Sie gelangweilt oder sogar verärgert und warum?
> Haben Sie auf Blickkontakt geachtet?
> Wie, glauben Sie, hat Ihrem Gesprächspartner der Small Talk gefallen? Hat sich Ihr Gegenüber wohl gefühlt? Konnte er seine Meinung äußern, seine Geschichte erzählen?
> Wie lange dauerte die Unterhaltung?
> Wer hat das Gespräch beendet? War es ein harmonischer oder abrupter Abschluss?
> Im Rückblick: Was hätte anders/besser laufen können? Welche Fehler wollen Sie in Zukunft vermeiden?

Es ist erstaunlich, wie viele Aspekte in einen kurzen Small Talk hineinspielen. Kleine Verhaltensänderungen – wie zum Beispiel der Vorsatz, dem anderen in Zukunft nicht mehr ins Wort zu fallen – können Wunder wirken. Probieren Sie es gleich morgen aus!

Beobachten Sie das Kommunikationsverhalten Ihrer Mitmenschen

Nun ist es natürlich nicht gerade die feine englische Art, sich hinterrücks an andere Menschen heranzupirschen, um deren Gespräche zu belauschen. Aber manchmal steht man per Zufall nur knapp drei Meter neben zwei Gesprächspartnern. Oder Sie sitzen im Restaurant und freuen sich auf einen entspannten Abend mit Ehefrau/-mann, Freundin oder Freund und drei Tische weiter werden lautstark Probleme gewälzt. Wenn es nicht gerade unerträgliche Ausmaße annimmt, werden Sie in dieser Situationen nicht gleich Ihr Essen stehen lassen und fluchtartig das Lokal verlassen.

Was kann man also aus den Gesprächen anderer lernen? Sicherlich zunächst einmal, auf gemäßigte Lautstärke zu achten. Manche Leute merken gar nicht, welchen Lärm sie mit ihren Wortbeiträgen verursachen. Es ist nicht immer ganz einfach, andere um leiseres Sprechen zu bitten, ohne sie mit diesem Hinweis vor den Kopf zu stoßen. Aber zumindest die eigene Lautstärke lässt sich problemlos kontrollieren.

Davon abgesehen gelten für Gespräche, die man gewollt oder ungewollt miterlebt, natürlich dieselben Kriterien, auf die wir schon mit unserer Frageliste im letzten Kapitel hingewiesen haben. Schließlich heißt es so treffend: Aus Fehlern kann man lernen. Wie schön, wenn man diese Fehler nicht erst alle selbst machen muss, sondern seine Erkenntnisse auch zum Teil aus dem Small-Talk-Verhalten anderer ziehen kann. Wobei dies natürlich kein Aufruf zu Arroganz sein soll. Letzlich tritt man selbst oft genug ins Fettnäpfchen. Wenn wir gute Small Talker werden wollen, können wir jedoch ständig hinzulernen – ein spannender Prozess!

Schauen Sie sich Talkshows und Interviews mit Politikern an

Es gibt zwar kritischere und politisch brisantere Sendungen als Talkshows, aber gerade wegen der harmlosen Themen bekommt man dort viele Anregungen für das persönliche Small-Talk-Verhalten. Schließlich will man im Small Talk erreichen, dass der Gesprächspartner sich wohl fühlt, sich öffnet. Zu diesem Ziel wird man sicherlich nicht durch ein Kreuzverhör gelangen. Natürlich hat auch kritisches Hinterfragen seine Berechtigung, aber nicht ausgerechnet im Small Talk.

Besonders gut gefallen hat uns vor einiger Zeit der Auftritt von Hanna Schygulla in der NDR-Talkshow. Wer erwartete, die Künstlerin dränge sich in den Vordergrund, spräche stundenlang von ihren Erfolgen und nutzte die Gelegenheit, ihre geplante Tournee zu promoten, wird überrascht gewesen sein. Hanna Schygulla verstand es ausgezeichnet, sich selbst zurückzunehmen und die Lobpreisungen den Moderatoren zu überlassen. Sie gewann Sympathiepunkte, weil Sie sich nicht selbst als das Maß aller Dinge sah.

So sollten Sie sich auch verhalten, denn ab einem gewissen Punkt sprechen Ihre Erfolge für sich. Wenn man bisher noch wenig über Sie weiß, dann dürfen Sie natürlich genauer von Ihren Plänen und Erfolgen sprechen, aber selbst dann muss das nicht so klingen, als hielten Sie sich selbst für den großartigsten Menschen weit und breit. Achten Sie darauf, nicht in minutenlange Monologe zu verfallen, und behalten Sie Ihren Gesprächspartner im Auge. Sobald dessen Blicke durch den Raum wandern, sollten Sie das Thema wechseln und den anderen zum Zuge kommen lassen, wenn dieser dann überhaupt noch will.

Hier eine weitere Talkshow-Situation, aus der sich zwei wichtige Small-Talk-Regeln ableiten lassen: Die Moderatorin unterhält sich mit dem Spitzensportler. Anfangs spricht man über seine Erfolge, doch dann will sie wissen, was ihn interessiert, wenn er gerade einmal nicht trainiert. Also fragt die Gastgeberin: »Sie sind doch sicherlich ein engagierter Mensch. Erzählen Sie uns bitte, was Sie im Moment besonders bewegt.« Der Sportler überlegt nicht lange: »Ich finde es unglaublich, dass man in Deutschland aus der Atomenergie aussteigen will. Ja, denken die Leute denn wirklich, dass der Strom nur so einfach aus der Steckdose kommt? Wie soll denn das funktionieren ...?«

Betretenes Schweigen in der Runde, in der vorher über nette Filmchen und die neue Sommermode parliert worden war. An der Kernkraft scheiden sich die Geister. Atomenergie ist garantiert ein Streitthema, für Small Talks also absolut ungeeignet. Bei politischen Themen kann es furchtbar schnell laut und ungemütlich werden. Menschen sprechen sich für oder gegen etwas aus, und wer da dezidiert anderer Meinung ist, erscheint unsympathisch.

Was ist in unserem Beispiel genau passiert? Ein unglücklicher Schachzug zog den nächsten nach sich: Wer zu allgemeine Fragen stellt, der gibt das Ruder aus der Hand. Der andere kann die Unterhaltung in jede beliebige Richtung lenken und damit die Gesprächsatmosphäre nachhaltig stören, wobei das in den meisten Fällen noch nicht einmal mit Absicht geschieht. Als geübter Small Talker wird man es also tunlichst vermeiden, kontroverse Themen anzuschneiden. Um auf unser Beispiel »Sportler in der Talkshow« zurückzukommen: Mit der Antwort »Wenn es meine Zeit erlaubt, setze ich mich für den Bau von Sportplätzen für benachteiligte Jugendliche ein« hätte man sicherlich mehr Sympathiepunkte sammeln können als mit einem Plädoyer für Atomkraft.

Doch schalten Sie am besten selbst den Fernseher ein und achten Sie nicht nur auf die Talkshow-Inhalte, sondern auch darauf, wie diese vermittelt werden. Von den Moderatoren können Sie in der Regel sehr gut lernen, wie man Fragen stellt, die interessante Details aus den Gästen herauslocken, aber nicht zu weit in die Privatsphäre vordringen. Überlegen Sie bei Talkshows, wer Ihnen sympathisch ist, und woran es liegt, dass Sie diesen einen Gast (oder Gastgeber) den anderen vorziehen. So lernen Sie viel für Ihr eigenes Gesprächsverhalten.

Ob und was man nun von Interviews mit Politikern lernen kann, ist eine schwierige Frage. Wenn Politiker etwas beherrschen, dann ist es die Kunst, zu reden, ohne dabei irgendetwas wirklich Substanzielles zu sagen, und unangenehmen Fragen mehr oder weniger geschickt auszuweichen.

Aber auch dies kann manchmal eine nützliche Taktik sein. Wenn wir zum Beispiel mit Fragen konfrontiert werden, die wir – aus welchen Gründen auch immer – nicht beantworten können oder wollen, ist es rhetorisch in den meisten Fällen natürlich absolut verfehlt, zu kontern: »Das geht Sie überhaupt nichts an!« Warum lächeln Sie beim nächsten Mal nicht einfach charmant und antworten: »Oh, das ist eine sehr interessante Frage. Lassen Sie uns später noch einmal darauf zurückkommen, denn zunächst erscheint mir folgendes wichtig ...«

Wenn es trotzdem einmal nicht funktionieren will

Sie sind mittlerweile Small-Talk-Profi, nehmen Rücksicht auf Ihren Gesprächspartner, interessieren sich für dessen Belange. Sie wissen, dass sich andere nicht stundenlang Ihre Monologe anhören wollen. Bei der Auswahl der Themen berücksichtigen Sie die Interessen Ihres Gegenübers. Trotzdem will das Gespräch nicht recht in Gang kommen. Was machen Sie in einem solchen Fall?

Hier muss man sicherlich zwischen beruflichen und privaten Situationen unterscheiden. Wenn wichtige Geschäftsabschlüsse davon abhängen, dass man eine bestimmte Person bei Laune hält, wird man sie nicht einfach stehen lassen. Im Privatleben ist das eher möglich. Vielleicht befindet man sich auf einer Veranstaltung mit Menschen, mit denen man wirklich nichts gemeinsam hat. Unter diesen Umständen kann es richtig befreiend wirken, diese Disharmonie zu akzeptieren – und zu gehen.

Gelegentlich stimmt die Chemie zwischen zwei Gesprächspartnern ganz einfach nicht. Natürlich kann man mit Toleranz, Geduld und viel gutem Willen auch in solchen Fällen Small Talk führen und wird dabei dann hoffentlich auch Vorurteile abbauen. Aber auch hier sollte man, wenn es angebracht ist, entscheiden: »Dieses Gespräch macht mir keinen Spaß. Ich beende es.«

Es kann natürlich auch sein, dass unser Gegenüber einfach nicht in der Stimmung für Gespräche ist. Außerdem ist in Deutschland die Small-Talk-Kultur noch so unterentwickelt, dass manche zwanglosen Gesprächseinstiege als Eingriff in die Privatsphäre gewertet werden. Da sitzen Sie dann beispielsweise Heiligabend im ICE nach München und fragen arglos Ihren Sitznachbarn: »Fahren Sie auch zu Ihrer Familie?«, und hören als Antwort »Ich glaub nicht, dass Sie das irgendetwas angeht!« So schnell können Small Talks vorbei sein.

Auf den Punkt gebracht: Nennen Sie es, wie Sie wollen: Strategie, Technik oder das Einmaleins des Small Talks – es kommt vor allem auf Ihr Bewusstsein, Ihre innere Einstellung und ein wenig Übung an, um eine gute Gesprächsatmosphäre herzustellen. Aktive Zuhörbereitschaft, geschicktes Fragen, dem anderen Raum und Aufmerksamkeit geben und sich selbst dabei etwas zurücknehmen – das sind die Ingredienzen für den gelungenen Small Talk. Dabei sind die Übergänge vom Small-Talk-Einstieg zum eigentlichen Gesprächsinhalt fließend. Und wer weiß, wie sich die Dinge im Gespräch entwickeln. Geben Sie ihnen einfach eine Chance!

Wodurch sich selbstbewusste Gesprächspartner auszeichnen

Soziale Kompetenz

Ohne soziale Kompetenz der Small-Talk-Partner sind Missverständnisse und damit Konflikte vorprogrammiert. Aber was ist das eigentlich genau, soziale Kompetenz?

Darunter versteht man vor allem die Fähigkeit, zwischenmenschliche Beziehungen – sei es nun verbal oder nonverbal – konstruktiv und für alle Beteiligten zufriedenstellend zu gestalten. Das Fundament der sozialen Kompetenz bildet die soziale Intelligenz. Der Intelligenzforscher Edward L. Thorndike definierte sie bereits in den 20er Jahren des letzten Jahrhunderts als »die Fähigkeit, andere zu verstehen und in menschlichen Beziehungen klug zu handeln«. Soziale Intelligenz bedeutet also, sensibel und individuell auf Stimmungen, Motive und Intentionen anderer Menschen eingehen zu können.

In unserer Dienstleistungs- und Informationsgesellschaft rückt die soziale Kompetenz immer mehr in den Mittelpunkt. Eigenschaften wie Kommunikationsfähigkeit, Teamgeist und Sensibilität sind oft ausschlaggebend für oder gegen einen neuen Mitarbeiter.

Wesentliche Komponenten sozialer Kompetenz sind:

> Sensibilität
  - Einfühlungsvermögen: Probleme und Gefühle anderer Menschen erkennen und berücksichtigen;
  - realistische Einschätzung der Wirkung der eigenen Person auf andere Menschen.

> Kontaktfähigkeit
  - auf andere Menschen zugehen können, Kommunikationsbereitschaft zeigen;
  - andere am Gespräch teilhaben lassen;

- Offenheit bezüglich eigener Ziele, Absichten und Methoden;
- vertrauensvoller und hilfsbereiter Umgang mit anderen Menschen.

> Kooperationsfähigkeit
- Aufgreifen und Weiterführen der Ideen anderer;
- sich nicht auf Kosten anderer profilieren;
- den eigenen Erfolg mit anderen teilen können;
- Verzicht auf Konkurrenzdenken, Machtinteressen und Rivalität.

> Integrationsvermögen
- Ursachen von Konflikten erkennen und für alle Beteiligten akzeptable Lösungen anstreben;
- unterschiedliche Interessen zielgerichtet kanalisieren, ohne dabei eigene Konzepte zu vernachlässigen.

> Informationsbereitschaft
- andere mit Informationen versorgen;
- wichtige Informationen nicht zurückhalten;
- zuhören können und Zeit für Gespräche haben;

> Selbstdisziplin/Frustrationstoleranz
- auf persönliche Angriffe angemessen, nicht aggressiv reagieren;
- andere nicht provozieren und sich selbst nicht provozieren lassen;
- in seiner Stimmungslage berechenbar sein.

Es ist möglich, soziale Fähigkeiten weiterzuentwickeln und zu verbessern, um Kommunikations- und Konfliktsituationen leichter zu bewältigen. Psychotherapeuten sprechen in diesem Zusammenhang vom »Training sozialer Kompetenz» (TSK): In Rollenspielen, Verhaltens- und Nachahmungsübungen wird einzeln oder auch in Gruppen der individuelle Sozialcharakter gefestigt und dadurch Selbstbewusstsein und Selbstsicherheit gestärkt.

Auf den Punkt gebracht: Unter sozialer Kompetenz versteht man das Ausmaß, in dem ein Mensch in Interaktion mit anderen im privaten, beruflichen und gesellschaftlichen Kontext selbständig, umsichtig und konstruktiv zu handeln vermag. Schlüsselqualifikationen hierfür sind Einfühlungsvermögen, Kommunikations- und Teamfähigkeit sowie

Konfliktlösungskompetenz. Dies alles sollte in Ihre Small-Talk-Aktivitäten einfließen.

Selbstbewusstsein und Marketing in eigener Sache

Unterhaltungen verlaufen zwangsläufig verkrampft und stockend, wenn sich einer der Gesprächspartner dem anderen unterlegen fühlt. Deshalb ist Selbstbewusstsein, Selbstsicherheit und das richtige Maß an Selbstwertgefühl gerade auch in Small Talks besonders wichtig.

Selbstsicherheit bedeutet vor allem, zu wissen, was man kann und dass man eine wichtige Rolle spielt. Eines bedeutet es aber ganz bestimmt nicht: allen zu erzählen, man sei der Größte. Angeberei ist eher Ausdruck von »Selbstunsicherheit«. Wer ausgeglichen und selbstsicher ist, strahlt das aus und muss es nicht großartig erklären.

Worauf es beim Selbstmarketing ankommt

Manch einer hat es als Kind gelernt, im Hintergrund zu bleiben und seine Stärken herunterzuspielen – sehr wahrscheinlich kaum freiwillig, eher gezwungenermaßen. Wer diese Einstellung erst einmal verinnerlicht hat, betrachtet Menschen, die selbstsicher und zielbewusst auftreten, schnell als egoistisch. Zum Teil ist das natürlich Neid. Wer selbst nicht zu denen gehört, die ganz offensichtlich Spaß daran haben, auf andere zuzugehen, fühlt sich schnell ausgeschlossen. Wer sich immer an Normen gehalten hat, entwickelt möglicherweise einen Hass auf diejenigen, die scheinbar keine Hemmungen kennen.

Viele Menschen neigen zu der Ansicht, eine eher zurückhaltende Charakterstruktur sei gut und eine starke nach außen orientierte Persönlichkeit eher ablehnenswert. Wenn Sie sich ständig selbst schlecht machen und sich in der Menge verstecken, hat das allerdings nichts mit Bescheidenheit zu tun. Sie sollten stattdessen besser lernen, sich selbst ins rechte Licht zu rücken.

Bescheidenheit ist dann erstrebenswert, wenn man sie als das Gegenteil von Arroganz und Anmaßung definiert. Sie darf aber nicht daher rühren, dass man sich anderen unterlegen fühlt. Im Gegenteil: Sie müssen sich Gedanken darüber machen, durch welche Fähigkeiten Sie sich von anderen im positiven Sinne unterscheiden, denn sonst werden Sie kaum selbstbewusst auftreten können.

Die Stärkung Ihres Selbstbewusstseins und Selbstwertgefühls muss von Ihnen aktiv betrieben werden. Zwar werden Ihre besten Freunde Sie gelegentlich ermahnen, sich nicht immer alles gefallen zu lassen, aber für Ihr Durchsetzungsvermögen müssen Sie schon selbst sorgen, denn auch für Ihre Freunde sind Sie pflegeleichter, wenn Sie immer genau das machen, was man gerade von Ihnen erwartet.

Auch Sie bevorzugen vermutlich Kollegen, die auf Ihre Bitte »Bringen Sie doch mal die Briefe zur Post« mit »Klar, mach ich gern, reichen Sie mal rüber« reagieren, statt zu kontern: »Oh, ich glaube, da werden Sie selbst hingehen müssen, schließlich bin ich nicht Ihr Laufbursche.«

Warten Sie also besser nicht darauf, dass man Ihnen selbstsicheres Auftreten erklärt, sondern beobachten Sie selbstbewusste Mitmenschen. Vereinfacht dargestellt lassen sie sich in zwei Gruppen einteilen: Da sind diejenigen, die ans Ziel gelangen, weil sie so unsympathisch sind, dass sich niemand mit ihnen anlegen will. Andere erreichen durch ihre charismatische oder liebenswürdige Ausstrahlung, dass man ihnen kaum einen Wunsch abschlagen kann. Bleibt die Frage: Von wem wollen Sie lernen?

Selbstbewusstsein als Fundament für persönlichen Erfolg

Was unterscheidet eine Hilfskraft, die sich für 1.500 Euro brutto im Monat abstrampelt, von einem Top-Manager, der 150.000 Euro im Jahr verdient?

Da gibt es so manchen Unterschied, und einer davon heißt ganz bestimmt: Selbstbewusstsein. Die eine Person hat Angst, sie könnte den Übungstext nicht, wie von ihr erwartet, in zehn Minuten tippen und deshalb den Job als Schreibkraft nicht bekommen. Die andere Person denkt in ganz anderen Dimensionen, will die deutsche Niederlassung eines internationalen Konzerns leiten und bewirbt sich für die Position. Beide sind intelligente Menschen mit Hochschulabschluss.

Wer sich als Kind ständig »Lass das!«, »Finger weg!«, »Du kannst das nicht!« anhören musste, der geht anders an Aufgaben heran, als der- oder diejenige, die immer wieder mit »Großartig!«, »Weiter so!«, »Du bist die Beste!« motiviert wurde.

Es gibt im Grunde nur eine einzige sinnvolle Reaktion auf mangelndes Selbstbewusstsein: sich auf die eigenen Stärken besinnen und anschließend darüber sprechen. Hier ist der Leitspruch der Öffentlichkeitsarbeiter angebracht: Tue Gutes und rede darüber!

Warten Sie lieber nicht darauf, dass andere Ihre Qualitäten entdecken. Gelegentlich kommt das zwar vor, aber auf solche Zufälle sollten Sie sich lieber nicht verlassen. Am besten, Sie ergreifen selbst die Initiative. Gerechtfertigter Stolz ist keine Angeberei, sondern Überlebenstraining. Wenn Sie zu bescheiden sind, auf Ihre Erfolge und Fähigkeiten aufmerksam zu machen, werden Sie garantiert von irgendwelchen Dilettanten überholt, die sich einfach nur vorteilhafter vermarkten können als Sie.

Ein Blick hinter die Kulissen offenbart, dass diejenigen den größten Erfolg haben, die sich am besten verkaufen können. Schauen Sie sich doch einmal Moderatoren von Musiksendungen im Fernsehen an, um einen Eindruck zu gewinnen, wie wichtig Selbstbewusstsein und Ausstrahlung für den Erfolg sind. Sätze wie »Und nun kommt die neue Nummer eins, letzte Woche noch auf Platz drei!« kann sich jeder merken, wenn er nur lange genug übt. Am »Fachwissen« allein liegt es also nicht, dass jemand zur Kultfigur wird.

Um Missverständnissen vorzubeugen: Die Position, in der man die neuesten Hits ansagt, will erst einmal erkämpft werden. Erfolg kommt nicht von allein und schon gar nicht über Nacht. Lesen Sie ruhig einmal die Biographien von Stars. Die tingeln oft erst jahrelang über die

Dörfer und treten in Bierzelten auf, bevor sie mit goldenen Schallplatten überschüttet werden. Ohne Selbstbewusstsein und Durchhaltevermögen ist Erfolg nicht zu erreichen.

Walk tall!

Manchmal gibt es in anderen Sprachen Redewendungen, die so schlagkräftig sind, dass wir sie in unseren Wortschatz übernehmen sollten. Die Aufforderung »Walk tall!« gehört dazu. Sinngemäß bedeutet dieser Ausruf: »Geh aufrecht. Bekenn Dich zu dem, was Du kannst. Lass' Dich nicht unterkriegen. Setz Dich durch.«

Erfolg und Selbstbewusstsein sind untrennbar. Zumindest haben wir noch keinen Erfolgreichen getroffen, der von sich annahm, nichts zu können. Fällt Ihnen jemand ein?

Körpersprache

Durch Körpersprache Gesprächsbereitschaft signalisieren

Achten Sie, wenn Sie einen Raum betreten, einmal auf die Anordnung der Möbel: Sind die Stühle so platziert, dass Sie sich am liebsten gleich hinsetzen würden, oder stehen die Sessel hinter einem Tisch und können nur mit Mühe erreicht werden? – Im ersten Fall fühlen Sie sich willkommen, im zweiten würden Sie am liebsten gleich wieder gehen.

Mit unserem Körper können wir ähnliche Signale aussenden. Je nachdem, wie wir uns bewegen oder stehen, sagen wir: »Hallo, kommen Sie doch rüber und sprechen Sie mich an!«, oder: »Lassen Sie mich bloß in Ruhe. Ich möchte nicht gestört werden!« Wer sich unwohl fühlt, verschränkt häufig die Arme und baut damit eine Barriere auf, die kaum jemand durchbrechen möchte. Auch andere Körperhaltungen zeugen von Unsicherheit. Vergräbt jemand die Hände in den Hosentaschen oder spielt nervös mit seinem Feuerzeug, dann signalisiert er ziemlich eindeutig: »Ich wünschte, ich wäre jetzt woanders!«

Wenn hingegen Ihre Arme locker an der Seite hängen, die Beine etwas auseinander stehen und ein leichtes Lächeln auf Ihrem Gesicht liegt, dann steigert das die Lust der anderen Gäste, Sie anzusprechen. Wobei natürlich klar ist, dass diese entspannte Körperhaltung nur erreicht werden kann, wenn man sich wohl in seiner Haut und in der jeweiligen Umgebung fühlt. Wer innerlich ausgeglichen ist, muss seine Körperhaltung nicht besonders koordinieren, der steht ganz von allein unverkrampft im Raum.

Der ängstliche Partygast verkriecht sich in der hintersten Ecke und setzt sich nicht, bevor er einen Stuhl gefunden hat, auf dem ihn garantiert keiner sieht. Der Selbstbewusste hingegen steht mitten im Raum, damit andere ihn wahrnehmen können oder postiert sich gleich neben einer Tür, durch die im Laufe des Abends jeder Gast einmal gehen wird. Es ist nur eine Frage der Zeit, bis sich ein williger Small-Talk-Partner findet.

Auch Lächeln will gelernt sein

Natürlich können Sie jeden Menschen, dem Sie begegnen, sofort angrinsen und damit versuchen, gute Laune zu verbreiten. Besser als ein grimmiger Blick ist diese Strategie allemal. Auf Dauer wirkt eine solche Taktik allerdings reichlich debil, und letztlich überzeugen Sie damit auch niemanden, zumindest nicht die Menschen, auf die es Ihnen ankommt.

Der Kommunikationsprofi setzt sein Lächeln sehr gezielt ein. Denn wer in den entscheidenden Momenten lächelt, wirkt glaubhafter als derjenige, der permanent strahlt. Schauen Sie sich einmal Politiker an, die sich zu einem aktuellen Thema äußern. Die werden kaum unentwegt in die Kamera grinsen, aber wenn es darauf ankommt, gewinnen Sie durch verschmitztes Lächeln.

Also strahlen Sie nicht gleich jeden Gesprächspartner wie ein Honigkuchenpferd an. Wenn Sie Ihr Gegenüber zunächst für eine Sekunde anschauen, bevor Sie lächeln, ist das entschieden wirkungsvoller. Auf diese Weise vermitteln Sie Ihren Mitmenschen das Gefühl, sie seien etwas Besonderes. So schnell kann man Menschen für sich einnehmen.

Mit den Augen kommunizieren

Für intensiven Augenkontakt während des Small Talks gibt es gute Gründe. Zunächst einmal signalisieren Sie Respekt und Zuneigung; zeigen Ihrem Gesprächspartner, dass er für die Zeit der Unterhaltung im Mittelpunkt Ihres Interesses steht. Wir alle haben uns schon einmal über Menschen geärgert, die Ihre Blicke unruhig umherschweifen ließen, während sie sich mit uns unterhielten. Genauso gut könnten sie uns ins Gesicht sagen: »Sie langweilen mich. Es gibt einiges, was ich gerade jetzt entschieden lieber täte.«

Augenkontakt wird vom Gegenüber als Zeichen für Intelligenz gewertet. Wer den anderen während des Gesprächs anschaut, beweist Abstraktionsvermögen. Er zeigt, dass er problemlos Informationen aufnehmen kann, während er sich unterhält.

Während wir auf der einen Seite mit Blickkontakt erreichen, dass unsere Gesprächspartner sich wohl fühlen, ist es auf der anderen Seite wichtig, im Auge zu behalten, wie unser Gegenüber auf unsere Ausführungen reagiert. Schaut der andere interessiert, fasziniert, gebannt oder eher gelangweilt, genervt, ungehalten oder sogar wütend. Sie kennen das Sprichwort: Ein Blick sagt mehr als tausend Worte. Nutzen Sie die Chancen, die Ihnen ein aufmerksamer Blickkontakt bietet! Doch natürlich heißt das nicht anstarren, glotzen oder mustern.

Und noch etwas ist sehr wichtig in Bezug auf Augenkontakt: Wenn Sie in einer kleinen Gruppe zusammensitzen oder -stehen, sollten Sie darauf achten, dass sich alle angesprochen und anerkannt fühlen und niemand ausgeschlossen wird. Das erreichen Sie, indem Sie, während Sie sprechen, jedem der Anwesenden durch Blicke zu erkennen geben, dass Ihnen seine Meinung wichtig ist. Wenn sich dann der nächste äußert, werden Sie sicherlich in erster Linie den Redner anschauen.

Versäumen Sie es aber nicht, auch den anderen in der Runde durch Blickkontakt zu zeigen, dass Sie sich über ihre Anwesenheit freuen und an ihren Reaktionen interessiert sind. Wer diese Regel beachtet, kommt seinem Ziel ein großes Stück näher.

Die folgende Anmerkung hat zwar nur am Rande etwas mit Small Talk zu tun, aber Sie brennt uns seit Jahren unter den Nägeln: Wer sich abends, drei Minuten nach Acht noch in die Mitte der Sitzreihe des Theaters oder Kinos drängelt, der sollte die Menschen, die er aufscheucht, charmant anlächeln, statt ihnen zu allem Überfluss auch noch sein Hinterteil ins Gesicht zu strecken. Doch zurück zum Thema Körpersprache und Small Talk.

Was Sie durch Körpersprache verraten

Den meisten Menschen ist gar nicht bewusst, dass auch ihr Körper »spricht«. Mit der Körpersprache drücken Sie Ihren Gefühlszustand aus. Deshalb sollten Sie in Gesprächen darauf achten, was Sie außer mit Worten noch über sich »erzählen«. Erhobener Zeigefinger, hochgezogene Augenbrauen, gerümpfte Nase, eine in Falten gelegte Stirn vermitteln sehr deutliche Signale.

Weil Körpersprache in der Regel unbewusst und unkontrolliert abläuft, wird sie oft als Gradmesser für den Wahrheitsgehalt unserer Aussagen herangezogen. Denn der Körper kann zum Beispiel Unsicherheit anzeigen und damit die scheinbare, wörtlich zum Ausdruck gebrachte Selbstsicherheit in Frage stellen.

Es leuchtet sofort ein, dass ein verspanntes Gesicht oder ein verkniffener Mund einen negativen Eindruck beim Gesprächspartner hinterlassen. Fest steht auch, dass Sie Pluspunkte sammeln, wenn Sie Ihr Gegenüber freundlich ansehen. Ein natürliches Lächeln hinterlässt mit Sicherheit eine bessere Wirkung als ständig nach unten hängende Mundwinkel, die eher auf Desinteresse, schlechte Laune oder starke Verunsicherung schließen lassen.

Sie sollten sich bewusst sein, dass auch Ihre nonverbale Kommunikation bewertet wird, und daher in Gesprächen auf Ihre körperlichen Signale achten. Allerdings halten wir wenig von einer durch und durch einstudierten Selbstinszenierung – abgesehen davon, ließe sich die auf Dauer wahrscheinlich auch gar nicht durchhalten, denn dazu steht sie zu eng in Verbindung mit dem Unterbewusstsein.

Die folgende Aufstellung zeigt Ihnen, wie Körpersignale häufig gedeutet werden:

Körpersignal	Bedeutung
Blickverhalten	
Augen betont weit offen	Aufmerksamkeit, Aufnahmebereitschaft, Sympathie, Flirtverhalten
verengte Augenöffnung	Konzentration, Entschlossenheit, Eigensinn, Kleinlichkeit, überkritische Haltung
zugekniffene Augen	Abwehr, Unlust
gerader Blick	Offenheit, reines Gewissen, Vertrauen
schräger Blick	abschätzende Zurückhaltung
häufiger Blickkontakt	Sympathie
häufiges Wegsehen	mangelnde Sympathie oder Verlegenheit
auffällig häufiger Lidschlag	Unsicherheit, Befangenheit
Mimik	
offenes Lächeln	Heiterkeit, uneingeschränktes Mitfreuen
gequältes Lächeln	ironisch, schadenfroh, blasiert, ängstlich
überwiegend geöffneter Mund	Mangel an Selbstkontrolle
zusammengepresster Mund	Zurückhaltung, Reserviertheit, Verkniffenheit, Kontaktarmut
Mundwinkel nach unten	Verbitterung, Pessimismus, depressiv
Mundwinkel nach oben	Aktivität bis Abwehr
Heben der Augenbrauen	Ungläubigkeit oder Arroganz

Gestik	
übertrieben kräftiger Händedruck (»Knochenbrecher«)	Rücksichtslosigkeit, Angeberei
kräftiger Händedruck, ohne Übertreibung	Aufrichtigkeit, Sicherheit
schlaffer Händedruck (»tote Hasenpfote«)	Unsicherheit, kontaktarm, leicht beeinflussbar
Hand wegziehend	Verschlossenheit
verschränkte Arme – bei Männern – bei Frauen	 Ablehnung, Verschlossenheit Selbstschutz, Angst
Hand vor den Mund halten – während des Sprechens – nach dem Sprechen	 Unsicherheit will das Gesagte zurücknehmen
Sprecher hält Armlehnen mit beiden Händen fest	Aggressivität, aber etwas unsicher, neigt zur Weitschweifigkeit
Kopf auf Hände stützen	Nachdenklichkeit, Erschöpfung, Langeweile
Spitzdach mit den Händen formen	Arroganz, Abwehr gegen Einwände
Hände reiben	selbstgefällig, selbstzufrieden
spielende Hände	Zeichen von Erregung, Nervosität, Befangenheit, Angst, Verwirrung
mit dem Finger auf den Gesprächspartner zeigen	Angriff, Wut
geballte Faust	Wut, verhaltener Zorn
Anfassen der Nase	Nachdenklichkeit, kritische Haltung, Verlegenheit
über den Hinterkopf streichen	Verlegenheit, Unbehagen, Ärger
Zupfen an den Ohren, Streichen des Kinns	Nachdenklichkeit, Zufriedenheit
Finger zum Mund nehmen	verlegen, unsicher
mit den Fingern trommeln	Nervosität, Ungeduld
häufiges Spielen mit dem Ring	frustriert vom häuslichen Leben
häufiges Abnehmen der Brille	Ablehnung, Angriff, Nervosität

Körperhaltung	
Achselzucken, die Handflächen nach außen	Hilflosigkeit
übereinandergeschlagene Beine – zum Gesprächspartner hin – vom Gesprächspartner weg	 Aufbau eines Sympathiefeldes Ablehnung, Unwillen
übergeschlagene Beine, Knie in die Hand gestützt	kritisch, skeptisch
dicht beieinanderstehend Füße	schuldhafte Ängstlichkeit, Einzelgänger,
beim Sitzen	überkorrekte Grundeinstellung
breit auseinanderklaffende Beine beim Sitzen	sorglose Unbekümmertheit, Rücksichtslosigkeit
friedlich ruhende Sitzhaltung	Selbstsicherheit, aber auch robuste Unbekümmertheit, seelische Erschöpfung
alarmbereite Sitzweise (»auf dem Sprung sein«), Angst	Mangel an Selbstvertrauen und Sicherheit, auch Misstrauen, innere Unruhe,
Füße um die Stuhlbeine legen	Unsicherheit, Suche nach Halt
Füße nach hinten nehmen	Ablehnung
mit den Füßen wippen	Arroganz, Ungeduld, Sicherheit, Aggressivität
steife, militärische Körperhaltung	Unterdrückung von Angst
breitbeinig dastehen, Daumen in Achselhöhlen	Selbstsicherheit
den Oberkörper weit nach vorn lehnen	Interesse, Sympathie, Wunsch zu unterbrechen
den Oberkörper weit zurücklehnen	Desinteresse, Ablehnung

Sprechweise	
lautstarke Stimme	Vitalität, Selbstbewusstsein, Kontaktfreude, aber auch Unbeherrschtheit, Geltungsdrang
leise, flüsternde Stimme	Schwäche, mangelndes Selbstbewusstsein, aber auch Sachlichkeit, Bescheidenheit
schnelles Sprechtempo	Impulsivität, Temperament, aber auch ungezügelt, nervös
langsames Sprechtempo	antriebsschwach, aber auch Sachlichkeit, Besonnenheit, Ausgeglichenheit
wechselndes Sprechtempo	innere Unausgeglichenheit
ausgeprägte Pausengestaltung	Disziplin, Selbstbewusstsein
starke Akzentuierung	Lebhaftigkeit, Gefühlsstärke
schwache Akzentuierung	Uninteressiertheit, mangelnde geistige Flexibilität
Geruch	
parfümiert	werbend
überstark parfümiert	unsicher, vernebelnd
Schweißgeruch	ängstlich, unordentlich

Als Sie sich die einzelnen Punkte anschauten, werden Sie vermutlich doch immer wieder zustimmend mit dem Kopf genickt haben, oder? Trotzdem: Nehmen Sie die Liste bitte nicht allzu wörtlich.

Kleider machen Leute

Unser Gegenüber nimmt uns nicht nur akustisch, sondern vor allem auch optisch war. In wenigen Sekunden fällt er ein erstes Urteil: »Der sieht aber nett aus in dem blauen Hemd!«, »So würde ich nie rumlaufen!« oder »Die glaubt wohl, sie ist was Besseres, nur weil sie ein Kostüm für 2.500 Euro trägt!« Mit Kleidung signalisieren wir den anderen: »Hallo, ich bin einer von euch!« oder: »Hey, da staunt ihr, was ich mir für tolle Sachen leisten kann. Außerdem habe ich sowieso den besseren Geschmack.«

Für einen positiven Eindruck bei unseren Small-Talk-Partnern sorgen wir also nicht nur mit Worten, sondern auch mit angemessener, stilvoller Kleidung. Wobei man sich im Zweifelsfall lieber etwas bescheidener als zu gut, zu elegant kleiden sollte. Wer seinem Gegenüber den Triumph lässt, der Elegantere zu sein, sammelt dafür Pluspunkte bei ihm.

Natürlich lässt sich nicht pauschal sagen, was angemessene Kleidung ausmacht. Vielleicht trotzdem ein paar Tipps: Wichtig ist der gute Sitz der Garderobe, also weder Schlabberlook noch Hosen, die den Träger wie eine wandelnde Presswurst erscheinen lassen. Außerdem sollte die Kleidung nicht zu lässig aussehen. Zwar ist der englische Landadel stolz auf 60 Jahre alte, vom Urgroßvater geerbte Harris-Tweed-Jacken. Aber wenn man nicht gerade zur Fuchsjagd aufs Land eingeladen wird, darf es auch gern etwas Neueres sein.

Von Modeströmungen mag man halten, was man will, aber ganz davon freimachen sollte man sich insbesondere im Berufsleben nicht. Das gilt speziell für Frauen, aber – ob es ihnen gefällt oder nicht – auch für Männer. Sie sollten lieber durch zurückhaltende, schlichte Eleganz auffallen als durch »lustige« Krawatten und schrille Farben. Frauen werden sich auch für Modefarben interessieren müssen, wenn sie nicht als graue Maus abgestempelt werden wollen.

Auf den Punkt gebracht: Wer durch seine Kleidung Erfolgsorientierung signalisieren will, wird immer auch ein Auge auf die Mode werfen. Kleidung, in der man sich wohl fühlt, die gleichzeitig etwas hermacht, kann ganz erheblich das Selbstbewusstsein und die Laune steigern. Diesen Umstand sollte man nutzen. Wer sich an Tagen, an denen er am liebsten gar nicht aufstehen, geschweige denn aus dem Haus gehen würde, für seine feine Lieblingsgarderobe entscheidet, fühlt sich gleich wesentlich besser. Und das strahlt man auch auf seine Umwelt aus.

Heben Sie sich von der breiten Masse ab

Um im Berufsleben Erfolg und Kompetenz auszustrahlen, muss man sich auch beim Outfit an gewisse Regeln halten, im Zweifelsfall also besser schlichte Eleganz an den Tag legen.

Ihre Zurückhaltung in Stilfragen sollte allerdings nicht so weit gehen, dass Sie exakt so herumlaufen wie Millionen anderer Professionals. Sie brauchen ein Erkennungszeichen, das Sie von der breiten Masse abhebt. Dieses besondere Merkmal ist einmal natürlich wichtig für Ihr Selbstwertgefühl – Sie sind nicht irgendwer, sondern einzigartig. Aber da wir hier ja über Small Talk reden: Wenn Sie irgendetwas Außergewöhnliches am Körper tragen, ist das ein großartiger Aufhänger für jeden, der mit Ihnen ins Gespräch kommen will.

Doch wie kann dieses »Markenzeichen« aussehen? Natürlich gibt es T-Shirts mit Aufschriften wie »Playa del Carmen 2001« oder »Ponyhof Lüneburg«. Ihr Gegenüber könnte ohne allzu viel Fantasie folgern, Sie seien gerade aus Mexiko oder von der Lüneburger Ponyfarm zurückgekehrt, und Sie fragen, wie es Ihnen gefallen hat. Und schon wäre der Small Talk eröffnet. Da sich solche Kleidungsstücke im Berufsleben aber ganz von allein verbieten und auch in der Freizeit nicht gerade von Stilsicherheit, Niveau oder sonst irgendetwas Positivem zeugen, wird man sich etwas anderes einfallen lassen müssen.

Frauen können durch Schmuck auffallen, vielleicht durch die von der Großmutter geerbte Perlenkette oder eine ausgefallene Brosche. Für Männer bieten sich Armbanduhren an. Wer zum Beispiel eine seltene Swatch-Uhr trägt, provoziert Gesprächseröffnungen wie: »Ach, sagen Sie bloß, Sie sammeln auch Swatches. Glückwunsch zu dem Exemplar, das ist doch in limitierter Auflage erschienen. Schauen Sie mal hier, dieses Modell trage ich schon seit Jahren jeden Tag.«

Wenn Sie Mitglied einer Vereinigung sind, tragen Sie vielleicht deren Anstecknadel. Solche Abzeichen sind in der Regel so dezent, dass man sie mit gutem Gewissen ans Revers heften kann. Trifft man auf Menschen, die demselben Verband angehören, kommt man leicht miteinander ins Gespräch. Schauen Sie sich die Menschen, mit denen Sie gern ins Gespräch kommen möchten, ruhig etwas genauer an. Irgendeinen Gesprächsaufhänger werden Sie bestimmt finden.

Networking: So wichtig sind Kontakte

Ob Sie gerade einen neuen Job suchen oder die Unterstützung eines Spezialisten für ein ganz besonders kniffliges Problem benötigen: Der einfachste Weg, berufliche oder auch andere Ziele zu erreichen, ist nach wie vor »Vitamin B«, also die Beziehungen zu maßgebenden Personen. Die persönliche Unterstützung oder Empfehlung durch einen solchen einflussreichen Personenkreis setzt natürlich voraus, dass Sie Leute kennen, die sich für Sie einsetzen und die bereit sind, Sie zu fördern.

Wenn Sie noch nicht über diese Art von Beziehungen verfügen, dann sorgen Sie dafür, dass solche entstehen können, z.B. durch Verwandte, Bekannte, Freunde, Freundesfreunde, Ex-Kollegen, Ausbilder, Vorgesetzte, Ärzte, Steuerberater, etc. Der Fantasie sind keine Grenzen gesetzt. Und wenn niemand Sie vorstellt oder empfiehlt, dann empfehlen Sie sich selbst. Besuchen Sie Fachmessen, Kongresse, Tagungen, Vorträge und versuchen Sie, ins Gespräch zu kommen. Ihr Auftrag lautet: Knüpfen Sie ein möglichst enges Netz aus Kontakten, betreiben Sie »Networking«!

Sie sollten jede Gelegenheit nutzen, neue Kontakte zu knüpfen. Wenn Sie beispielsweise einen interessanten Vortrag besuchen, sind Sie am Ende der Veranstaltung unter denen, die mit dem Referenten sprechen und ihm »kluge Fragen« stellen – vielleicht auch danach, welche Berufsaussichten er für jemanden mit Ihren Kenntnissen sieht. Auf diese Weise erhalten Sie möglicherweise hilfreiche Informationen. Sie können den Referenten auch fragen, ob Sie ihn für weitere Auskünfte anrufen dürfen.

Wie gehen Sie also am besten vor? Sie treffen sich privat oder geschäftlich mit anderen Menschen, und man tauscht sich aus. Bei dieser Gelegenheit erhalten Sie Informationen über Berufe und Firmen und knüpfen persönliche Kontakte, die Sie beispielsweise an potentielle Arbeitgeber heranführen werden. Nur wer mit anderen Personen spricht, findet heraus, wie realistisch seine Ziele sind, und kann auch von anderen Unterstützung erfahren.

Pflegen Sie Ihre Kontakte

Zeigen Sie Ihren Mitmenschen, dass sie Ihnen wichtig sind. Stellen Sie sicher, dass Menschen, deren Hilfe Sie eines Tages vermutlich brauchen, nicht das Gefühl bekommen, instrumentalisiert und ausgenutzt zu werden. Sie sollten sich also schon lange, bevor Sie sich z.B. beruflich verändern wollen oder müssen, Zeit für Ihre Mitmenschen nehmen. Mit Freunden, die in der Nähe wohnen, können Sie sich regelmäßig treffen. Bei Bekannten, die weiter entfernt leben, melden Sie sich telefonisch in bestimmten Abständen.

Bitten Sie also nicht aus heiterem Himmel Leute um Hilfe, für die Sie sich jahrelang nicht interessiert haben. Es wird nicht funktionieren, wenn sie sich nach zehn Jahren bei einem alten Klassenkameraden melden mit den Worten: »Hallo Klaus, wie geht es Dir? Ich will mich jetzt in der Firma XY bewerben. Sag mal, ist dein Onkel dort eigentlich immer noch Prokurist? Ruf ihn doch bitte mal an und leg ein gutes Wort für mich ein.« Sie können sicher sein, dass Ihr Schulfreund mit seinem Onkel sprechen wird. Er wird ihm allerdings nichts Positives über Sie berichten, denn die Botschaft, die hinter solch einer Aktion steckt, ist eindeutig: Der Klassenkamerad ist Ihnen jahrelang absolut gleichgültig gewesen, aber nun »darf« er Ihnen einen Gefallen tun. Hüten Sie sich also davor, als jemand abgestempelt zu werden, der andere lediglich benutzt. Freundschaften funktionieren nur, wenn man sich gegenseitig hilft, ein relativ ausgewogenes Geben und Nehmen vorherrscht.

Im Mittelpunkt Ihres Beziehungsnetzes stehen natürlich die Menschen, die Sie schon etwas länger kennen, die Ihnen sympathisch sind und auf die Sie sich verlassen können. Wichtig sind starke Verbindungen. Natürlich ist es gut, auf viele Kontakte zurückgreifen zu können. Allerdings kommt Unterstützung am ehesten von Leuten, die Sie sehr gut kennen und persönlich schätzen. Gewöhnen Sie sich am besten an, sich regelmäßig bei allen zu melden, die Ihrem Netzwerk angehören. Rufen Sie diese Personen mindestens zweimal im Jahr an. Nur so verhindern Sie, dass man sich aus den Augen verliert.

Helfen Sie anderen

Wenn Freunde, Bekannte oder Kollegen Sie um Rat oder Hilfe bitten, ist das eine gute Gelegenheit, etwas für die Stabilität Ihres Netzwerks zu tun.

Angenommen, eine Freundin erzählt Ihnen, dass Sie einen Verlag für ihr Kinderbuch-Manuskript sucht. Falls Sie sich bei dieser Gelegenheit erinnern, eine Verlagsangestellte zu kennen, können Sie mit ein oder zwei Telefongesprächen Ihrer Freundin gute Dienste leisten. Die Verlagsmitarbeiterin wird das Manuskript nicht gleich für ihren Verlag einkaufen, aber vermutlich doch wertvolle Tipps parat haben.

Sie können also andere dadurch unterstützen, dass Sie Kontakte herstellen. Eine weitere Möglichkeit besteht darin, mit Fachwissen weiterzuhelfen. Als Computerfreak wird es ein Kinderspiel für Sie sein, das EDV-Problem eines Freundes zu lösen. Er selbst hatte es vielleicht nächtelang ohne Erfolg probiert. Sie können sicher sein, dass er sich an diese Unterstützung noch nach Jahren erinnern wird.

Überlegen Sie deshalb, wie Sie Ihren Bekannten helfen können. Es gibt unzählige Möglichkeiten: Vielleicht übersetzen Sie den Bewerbungsbrief einer Freundin, die ein Praktikum in Spanien machen will, oder Sie erklären einem Bekannten, worauf es beim Projektmanagement ankommt. Wenn Sie sehen, dass Sie anderen zur Seite stehen können, sollten Sie nicht lange zögern.

Man kann es gar nicht oft genug wiederholen: Networking bedeutet gegenseitige Hilfe. Und es ist von Vorteil, wenn Ihnen in Ihrem Netzwerk der Ruf vorauseilt, immer, wenn es darauf ankommt, für andere da zu sein.

Es zeugt nicht gerade von Souveränität, Leistungen kleinlich gegeneinander aufzurechnen, etwa nach dem Motto: »Dies habe ich für Dich erreicht, jetzt bist Du an der Reihe.« Obgleich solche Tauschgeschäfte noch zu den harmloseren Taktiken zählen. Wenn Networking falsch verstanden wird, läuft es leicht auf Ausbeutung hinaus, was natürlich nur so lange funktioniert, wie der Einzelne sich ausnutzen lässt.

Zurück zu positiven Networking-Strategien: Häufig zeigen schon kleine Gesten große Wirkung. Eine Postkarte mit den Zeilen »Gute Besserung! Hoffentlich bist Du bald wieder fit!« wird dem Grippepatienten nicht sofort wieder auf die Beine helfen, sich aber positiv in sein Gedächtnis »eingraben«.

Die Bekannte, die in wenigen Tagen Ihre Diplomarbeit abgeben muss, freut sich garantiert über eine E-Mail, wie: »Viel Glück beim Endspurt. Lass Dich nicht zu sehr stressen. Bald hast Du es geschafft. Ich drück' Dir die Daumen!« Das klingt simpel und ist kein großer Akt, aber wer gerade sehr unter Druck steht, für den sind aufmunternde Worte eine große Hilfe. Versuchen Sie es mal.

Ob Sie nun beim Umzug helfen, im Urlaub Blumen gießen oder einfach nur zuhören und seelischen Beistand leisten, wenn es Ihrem Freund oder Bekannten einmal nicht so gut geht: Man wird sich an Ihre Unterstützung erinnern, insbesondere dann, wenn Sie selbst einmal Hilfe brauchen.

Organisieren Sie gemeinsame Unternehmungen

Sie werden weder Zeit noch Lust haben, Ihre Networking-Kontakte ständig anzurufen oder sich mit Ihnen zu treffen. Deshalb bietet es sich an, gelegentlich (vielleicht zwei- oder dreimal im Jahr) gemeinsame Unternehmungen zu organisieren. Für diese Aktionen spricht einiges:

> Sie lernen neue Leute kennen, denn wenn Sie zum Beispiel vorschlagen: »Lasst uns doch Ende Juni gemeinsam zum Open-Air-Konzert gehen«, sollte es selbstverständlich sein, dass Ihre Bekannten weitere Freunde mitbringen können.

> Sie sorgen für Erlebnisse, an die man sich noch lange Zeit später gern erinnern wird: »Weißt Du noch letztes Jahr, als wir alle gemeinsam im Zirkus waren ...«

> Man wird bei diesen Treffen auch über Berufliches sprechen. Wenn Leute aufeinander treffen, die Ihre Arbeit lieben, ist es nur natürlich, dass sie sich über Projekte unterhalten, mit denen sie gerade beschäftigt sind. Da entdeckt man dann schnell gemeinsame Interessen, vielleicht startet man sogar einmal ein gemeinsames Projekt.

Was Sie nun zusammen unternehmen, bleibt Ihrem Einfallsreichtum überlassen. Warum gehen Sie nicht einmal mit 20 Leuten zum Eishockey oder Fußball oder mit mehreren Bekannten ins Kino oder Theater, zur Lesung ins Literaturhaus oder in die große Picasso-Ausstellung?

Laden Sie ein

Manche Ereignisse eignen sich hervorragend, möglichst viele Leute aus Ihrem Netzwerk zusammenzubringen. Nutzen Sie diese Gelegenheiten unbedingt, um Freunde, Bekannte und Kollegen einzuladen.

Geburtstage sind perfekte »Networking-Events«. Sie können kaum besser für Kontinuität in Ihrem Netzwerk sorgen, als jährlich möglichst viele Gäste zu Ihrem Geburtstag einzuladen. Wenn Sie diesen besonderen Tag mit Ihren Bekannten verbringen, zeigen Sie ihnen, wie wichtig sie Ihnen sind. Nach ein paar Jahren wird dieser Termin zur Tradition. Die Eingeladenen werden sich auf diesen Tag freuen, nicht zuletzt auch, weil sie bei dieser Gelegenheit viele Bekannte wiedertreffen, mit denen sie Erfahrungen austauschen, Small Talk betreiben können.

Sie sollten es sich angewöhnen, mindestens ein weiteres Mal im Jahr eine große Zahl von Gästen einzuladen. Die Vorweihnachtszeit eignet sich sehr gut dafür. So ist es eine gute Idee, alljährlich am ersten Adventswochenende eine Party zu veranstalten. Denkbar ist auch eine Einladung zur Maibowle oder zur Grillparty in den Garten. Wichtig ist nur, dass möglichst viele Gäste kommen, damit neue Kontakte geknüpft werden können.

Geben Sie Informationen weiter

Dass Sie die Medien nutzen, um in Ihrem Fachgebiet auf dem Laufenden zu bleiben, versteht sich von selbst. Denken Sie bei der täglichen Lektüre nicht auch manchmal: »Diese Veranstaltung würde Robert interessieren«, oder: »Das besprochene Buch wäre sehr wichtig für das neue Projekt von Frau Kramer«? Nun können Sie natürlich hoffen, dass Ihre Bekannten auch gerade am Frühstückstisch sitzen und genau diese Meldungen lesen. Sehr wahrscheinlich ist das allerdings nicht, wenn man bedenkt, wie viele verschiedene Zeitungen und Zeitschriften es gibt.

Gewöhnen Sie sich deshalb an, interessante Zeitungsartikel, aber auch Aufzeichnungen außergewöhnlicher Radio- oder Fernsehbeiträge an Ihre Bekannten zu schicken. Diese Taktik sollte zwar nicht überstrapaziert werden – also bitte nicht jeden dritten Tag etwas losschicken, und auch allzu Banales brauchen Sie nicht auszuschneiden –, aber bei wirklich wichtigen Meldungen ist es eine nette Geste, diese Berichte weiterzuleiten.

Wenn Sie Glück haben, kommen nun umgekehrt auch Ihre Bekannten auf die Idee, Sie auf dem Laufenden zu halten. Nur sollten Sie lieber keine unmittelbaren Reaktionen erwarten, sonst werden Sie unnötig enttäuscht. Netzwerke sind auf Jahre oder besser Jahrzehnte angelegt. Da darf man nicht immer gleich am nächsten Tag mit einer Antwort, geschweige denn mit »der Ernte seiner Früchte« rechnen.

Nutzen Sie Gelegenheiten, sich in Erinnerung zu rufen

Weihnachten ist ein guter Anlass, »Danke« zu sagen. Hierzu sind nicht tausend Worte nötig, es genügt auch ein »Danke für die gute Zusammenarbeit im letzten Jahr«. Wer eine Karte mit diesen Worten an ein kleines Geschenk hängt, das er dann am besten persönlich überreicht oder gegebenenfalls auch per Post schickt, macht anderen eine große Freude. Wenn Sie den Empfänger näher kennen, sollten Sie seine Vorlieben berücksichtigen. Hier einige Beispiele für kleine Gefälligkeiten, mit denen Sie eine große Wirkung erzielen können:

Wenn einer Ihrer Freunde in jeder freien Minute in seinem Garten buddelt, machen Sie ihm vermutlich mit einer Tüte Blumensamen, die Sie irgendwo im Urlaub entdeckt haben, eine große Freude. Sie können auch Fotos verschenken, die Sie auf Ihrem letzten Geburtstag aufgenommen haben. Wer gern schreibt, freut sich bestimmt über Kunstpostkarten. Dem Musikfan schenken Sie einen Konzertmitschnitt aus dem Radio.

Gratulieren Sie

Machen Sie es sich zur Regel, allen in Ihrem Netzwerk zum Geburtstag zu gratulieren. Leichter können Sie Kontakte gar nicht pflegen. Am Geburtstag Ihrer Freunde rufen Sie diese an; Leuten, die Sie nicht ganz so gut kennen, schicken Sie einen kurzen Geburtstagsgruß. Es ist gar nicht so selbstverständlich, dass alle, von denen es eigentlich erwartet wird, an dieses Datum denken. Da auch Sie sich nicht an Dutzende von Geburtstagen erinnern können, sollten Sie die Termine in Ihren Kalender eintragen.

Es gibt genügend weitere Ereignisse, zu denen Sie gratulieren können. So dürfen Sie es nicht versäumen, auf Beförderungen und außergewöhnliche berufliche Erfolge Ihrer Bekannten zu reagieren. Denken Sie auch an Jubiläen.

Die wichtigsten Networking-Regeln auf einen Blick

> Networking ist keine Einbahnstraße. Überlegen Sie ruhig zunächst einmal, was Sie für den anderen tun können, bevor Sie ihn um Hilfe bitten.
> Netzwerke sollten kontinuierlich gepflegt werden. Wenn Ihnen das noch nicht ganz selbstverständlich gelingt, müssen Sie anfangs durch entsprechende Planung dafür sorgen, dass Sie in Verbindung bleiben.
> Überlegen Sie, welche Ihrer Bekannten großartige Networker sind. Beobachten Sie diese Menschen genau und lernen Sie von Ihnen.

Betrachten Sie Networking als Sprache: Wer eine Fremdsprache beherrschen will, lernt am besten von Muttersprachlern.

- Handeln Sie sofort, wenn Sie Ideen für neue Kontakte haben. Wenn Sie zu lange warten, wirken Sie vielleicht nicht mehr so überzeugend.
- Sorgen Sie dafür, dass andere Menschen erkennen, wie beschäftigt Sie sind. Mit einem gefüllten Terminkalender wird man größeren Respekt vor Ihnen haben. Sagen Sie also niemals: »Ich richte mich zeitlich ganz nach Ihnen. Schlagen Sie irgendeinen Termin vor.«
- Versuchen Sie, sich dem Stil Ihres Gesprächspartners anzupassen. Falls Sie es mit einem äußerst rationalen und etwas distanzierten Menschen zu tun haben, sollten Sie nicht ausschweifend über Belangloses reden und ihm dabei noch mehr »auf die Pelle« rücken.
- Achten Sie beim Networking darauf, andere nicht zu überfordern. Bitten Sie Ihre Bekannten also nicht um Dinge, die sie unmöglich erfüllen können, weil ihnen dazu die Beziehungen fehlen. Wichtig sind Erfolgserlebnisse. Wenn Ihre Kontaktperson am Ende der Aktion das Gefühl hat, Ihnen geholfen zu haben, sind alle Beteiligten zufrieden.
- Bleiben Sie in ständiger Verbindung zu Ihren Kontaktpersonen. Nur so stellen Sie sicher, dass Sie nicht panisch versuchen müssen, längst vergessene Bekanntschaften zu reaktivieren, wenn Sie Hilfe brauchen.
- Überall ergeben sich Gelegenheiten, neue Kontakte zu knüpfen und sich zu informieren. Sperren Sie also Augen und Ohren auf, sei es nun auf Partys, beim Einkaufen, im Urlaub oder in der S-Bahn.
- Seien Sie aufrichtig und direkt. Wenn Sie Unterstützung brauchen, sagen Sie dies der anderen Person geradeheraus.
- Sie können mit beinahe jedem sprechen, wenn Sie Ihre Kontakte richtig nutzen und ohne Umwege den richtigen Ton finden. Wichtig ist dabei nur, dass Sie wirklich etwas zu sagen haben.

Klassische Small-Talk-Situationen

Die Feste feiern, wie sie fallen: Small Talk auf Partys, Betriebsfeiern und Firmenjubiläen

Lassen Sie uns ganz am Anfang beginnen, nämlich mit der schriftlichen Einladung zu einer Feier. Dass Sie sich innerhalb der nächsten drei Tage dafür bedanken, versteht sich von selbst. Der Gastgeber sollte allerdings nicht den Eindruck gewinnen, dass Sie nicht besonders oft eingeladen werden. Also lautet die Devise: Keep it cool.

Nachdem Sie dem Einladenden mitgeteilt haben, dass Sie gern kommen werden, machen Sie sich natürlich Gedanken, was Sie da eigentlich erwartet. »Na, das wird ja hoffentlich eine angenehme Feier. Bin gespannt auf die anderen Gäste. Was ziehe ich am besten an? Ob es etwas zu essen geben wird?« Das alles sind wichtige Erwägungen, doch der Kommunikationsprofi berücksichtigt darüber hinaus noch weitere Aspekte. So empfiehlt die amerikanische Beziehungsexpertin Leil Lowndes beispielsweise, sich vor Partys die folgenden Fragen zu stellen: Wer? Wann? Warum? Was? Wie?*

Sie wissen nicht, was damit gemeint ist? Betrachten wir also die einzelnen Punkte genauer.

Wer wird auf dem Fest sein?

Es ist sicherlich klar, dass man nicht der einzige Gast sein wird. Aber wer kommt noch? Oder präziser gefragt: Welche der anderen Gäste interessieren mich? Wer wird dort sein, den ich aus beruflichen Gründen treffen sollte? Sind Leute eingeladen, denen ich lieber nicht begegnen will? Falls Sie es genauer wissen möchten, sollten Sie sich

* Leil Lowndes, How to Talk to Anyone, London, 1999.

nicht schriftlich, sondern telefonisch für die Einladung bedanken. Bei der Gelegenheit fragen Sie den Gastgeber ganz beiläufig, wer noch kommen wird. In der einen Hand den Telefonhörer, in der anderen einen Kugelschreiber, notieren Sie – während der Gastgeber stolz erzählt, welche wichtigen Leute er sonst noch kennt – die relevanten Namen. Auf diese Weise können Sie sich schon vor dem Fest überlegen, wen Sie näher kennen lernen möchten und worüber Sie mit diesen Leuten reden wollen.

Wann sollte man eintreffen?

Der Small-Talk-Profi überlässt kaum etwas dem Zufall – den Zeitpunkt der Ankunft schon gar nicht. Er macht sich also nicht irgendwann auf den Weg, wenn er sich endlich für die passende Kleidung entschieden hat, sondern gehört unter Umständen zu den ersten Gästen. Dann kann er sich in Ruhe unterhalten, bevor all diejenigen eintreffen, denen es unangenehm ist, zu früh zu kommen.

Außerdem verlässt der Profi nicht unbedingt erst dann die Party, wenn kein Bier mehr da ist oder der Gastgeber ihn fragt, ob er noch etwas trinken wolle, bevor er geht. Profis setzen sich vorab Kommunikationsziele. Sind diese Ziele erreicht, geht es weiter zur nächsten Herausforderung. Häufig genug hat man an einem Abend mehrere Termine wahrzunehmen. Da verbietet es sich von selbst, auf einem einzigen Fest zu versumpfen.

Warum findet die Feier statt?

Auf der Einladung stand: »Hiermit laden wir Sie herzlich zur Feier des 49-jährigen Jubiläums unseres Unternehmens ins Waldhotel XY ein«, oder: »Ich würde mich freuen, Euch am 28. Juli auf meiner Geburtstagsfeier begrüßen zu können«. Das mag alles stimmen, und es freut Sie auch, dass man anlässlich dieser Gelegenheiten an Sie gedacht hat. Allerdings werden Sie sich fragen, ob es neben den offiziellen Anlässen nicht noch weitere »gute« Gründe für diese Einladungen gibt.

Ist das eigentliche Motiv für die Firmenfeier vielleicht, dass die Geschäfte nicht so optimal laufen und man das Unternehmen wieder ins Gespräch bringen will? Oder lädt Ihr Bekannter ausgerechnet in diesem Jahr so viele Leute zu seinem Geburtstag ein, weil er ein altes Haus gekauft hat, und sich überlegt, dass handwerklich begabte Freunde preisgünstiger renovieren als Fachleute? Das muss nicht so sein, ist aber möglich. Dass man solche Überlegungen nicht gegenüber anderen Gästen anspricht, versteht sich von selbst.

Wie verhält sich der Profi, wenn er die Hintergründe für das Fest kennt? Ganz einfach: Er kooperiert. Kommen wir auf das Beispiel Jubiläumsfeier als PR-Maßnahme zurück: Als eloquenter Gast wird er den eingeladenen Journalisten erzählen, welch großartige Perspektiven er für das traditionsreiche Unternehmen des Gastgebers sieht, damit das am nächsten Tag dann hoffentlich in den Zeitungen steht. Es ist beileibe nichts Anrüchiges, wenn Gastgeber mit ihren Feiern bestimmte Ziele verfolgen. Ziele darf schließlich jeder haben. Warum also nicht dazu beitragen, dass sie erreicht werden, ganz nach dem Motto: »Hilfst Du mir, so helf ich Dir«.

Was interessiert die anderen Gäste?

Sie erinnern sich an unsere erste Frage: Wer wird auf der Party sein? Vielleicht wissen Sie schon genau, wer sonst noch kommt. Wenn Sie den Gastgeber nicht fragen konnten oder wollten, werden Sie trotzdem gewisse Vorstellungen haben, was die anderen Gäste angeht.

Ist der Gastgeber Architekt? Dann sind wahrscheinlich auch noch einige andere Architekten eingeladen. Die werden sich zwar nicht den ganzen Abend über Gebäude unterhalten wollen, aber das wird natürlich ein Thema sein. Nun müssen Sie sich nicht gleich an der nächsten Uni für Architektur immatrikulieren, aber bei der morgendlichen Zeitungslektüre sollten Sie jetzt auf Berichte über aktuelle Bauvorhaben in Ihrer Stadt (oder natürlich auch weltweit) achten.

Es gibt durchaus auch erfahrene Small Talker, die sich auf einen Abend mit Architekten (oder Ärzten/Anwälten/Polarforschern/Fliesenlegern ...) vorbereiten, indem Sie Fachzeitschriften zum jeweiligen

Thema lesen. Allerdings sollte man als Laie keine Fachkenntnisse vortäuschen, denn das wirkt aufgesetzt und anbiedernd.

Doch kehren wir zu unserem Architekten-Beispiel zurück. Bekanntermaßen heißt es: Über Geschmack lässt sich nicht streiten. Das gilt auch für Architektur! Wenn man also die Gelegenheit nutzen will, sich einmal mit Experten über die Bebauung der Friedrichstraße in Berlin, über das Olympiastadion in Sydney oder die Fußgängerzone in Buxtehude auszutauschen, dann sollte man lieber auf Vokabeln wie »scheußlich, geschmacklos, hässlich, unmöglich, schrecklich oder fürchterlich« verzichten. Mit solch harschen Urteilen schafft man es in wenigen Sekunden, als arrogant, möglicherweise sogar als ignorant dazustehen.

Natürlich kann man sachlich erklären, was einem an dem einen oder anderen Bauwerk nicht so gut oder ganz besonders gefällt, sollte aber immer damit rechnen, dass der Fachmann von ausgerechnet diesem Objekt fasziniert/entsetzt ist.

Es ist also eine sehr vorteilhafte Small-Talk-Strategie, zunächst die Grundposition des Gesprächspartners herauszufinden. Sicherlich nicht, um ihm anschließend nach dem Munde zu reden, aber um seine eigene Position diplomatisch vertreten zu können. Lassen Sie sich doch bei dieser Gelegenheit einmal von einem Fachmann er- bzw. aufklären, warum er dieses oder jenes Objekt scheußlich oder fantastisch findet. Danach ist immer noch Zeit, Ihre ganz persönliche Einschätzung vorzutragen. Dabei geht es nicht um Duckmäuserei oder Anpassung um jeden Preis, sondern um Geschicklichkeit.

Sind Sie auf dem Empfang, Fest oder der Party, um zu streiten? Gilt es einen neuen Glaubensfeldzug zu starten? Haben Sie es nötig, an diesem Ort Ihre Truppen um sich zu scharen? Sicherlich nicht. Eben deshalb sollten Small Talks nicht in Streitgespräche ausarten. Und dies haben Sie in der Hand. Es liegt ganz wesentlich an Ihrer Gesprächsführung.

Sollten Sie in die Situation geraten sein, sich mit Ihrer Einschätzung offensichtlich in konträrer Position zu Ihrem Small-Talk-Partner zu befinden, dann ist das eine wunderbare Gelegenheit, sich den Standpunkt Ihres Gegenübers anzuhören. Bitten Sie ihn, Ihnen ausführlich zu erklären, wie er die Dinge sieht.

Und schon sind wir wieder beim Zuhören, beim Zurücknehmen und dabei, Ihnen als Small Talker nochmals klarzumachen, dass es darauf ankommt, dass sich Ihr Gegenüber wohl fühlt. Dann wird dieser später seiner Frau positiv von Ihnen berichten: »Ich habe da mit einem jungen Mann/einer jungen Frau gesprochen, der/die .... Und dann habe ich ihm erklärt, warum das aber so und so ist. Ganz sympathisch, diese/r ...«

Wie knüpfe ich an die Party-Gespräche an?

Als Small-Talk-Profi plaudert man natürlich nicht, um die Zeit totzuschlagen, sondern konzentriert sich auf interessante Gesprächspartner, von denen man Neues erfährt, etwas lernen kann, die beruflich erfolgreich sind und einem selbst irgendwie von Nutzen sein können.

Mit anderen Worten: Es geht um Networking. Vielleicht werden am Ende Visitenkarten ausgetauscht und man verabschiedet sich mit den Worten: »Ich habe mich sehr gefreut, Sie kennen zu lernen. Lassen Sie uns in Verbindung bleiben.«

Das ist natürlich häufig nur eine leere Floskel. Wenn Sie allerdings sympathische, einflussreiche Menschen auf einer Party kennen lernen, sollten Sie das Angebot »Melden Sie sich gerne einmal bei mir« ruhig annehmen. Entscheiden Sie von Fall zu Fall, ob Sie sich in einem Brief (es darf auch eine schöne Karte – aber im Umschlag – sein), per Telefon oder mit einer E-Mail für das nette Gespräch bedanken und ein Treffen vorschlagen, bei dem dann auch im Verlauf des Abends z.B. Geschäftliches besprochen werden kann. Denn eines ist klar: Beim Small Talk auf Feiern wird man vermutlich seinen Beruf erwähnen und die Chance nutzen, sich als kompetent, erfolgreich und zielstrebig zu präsentieren. Partys sind jedoch nicht der richtige Rahmen für Fachgespräche oder Geschäftsverhandlungen. Die Grundlage hierfür kann jedoch auf solchen Feiern geschaffen werden.

Was schenke ich?

Wer zu einem Fest – egal, ob bei Freunden, Kollegen oder beim Arbeitgeber – eingeladen ist, sollte sich niemals mit leeren Händen auf den Weg machen.

Aber was schenkt man? Bitte nichts »Originelles«! Mit singenden Klobürsten oder solarbetriebenen Radieschen-Schneidern liegt man meistens daneben. Wenn Sie den Gastgeber kaum kennen, kommen eigentlich nur Schnittblumen (vor dem Überreichen unbedingt das Papier entfernen!) oder vielleicht eine Flasche Wein in Frage. Das sind neutrale Dinge, mit denen Sie dem anderen eine Freude machen, ohne ihm Ihren eigenen Geschmack aufzudrängen.

Ungeeignet als Geschenk für weitläufige Bekannte ist beispielsweise auch ein gerahmtes Bild. Die Chance ist zu gering, dass es dem Beschenkten gefallen wird. Trotzdem wird er sich unter Umständen verpflichtet fühlen, es immer dann aufzuhängen, wenn Sie zu Besuch kommen. Denn bei Geschenken gilt vor allem eine Regel: Man muss sich darüber freuen, weil man sonst den Schenkenden zutiefst verletzt.

Sind Sie mit dem Gastgeber enger befreundet, können Sie ihn ruhig nach einem Wunsch fragen, wenn Sie sich für die Einladung bedanken. Bitten Sie dann aber um sehr präzise Angaben. Was hilft es Ihnen, wenn sich jemand »über eine CD freuen würde«. Will er die neueste Eminem-Rap-CD oder lieber »Best of Frank Sinatra«? Und wenn er sich dann den Soundtrack zu »Magnolia« wünscht, überreichen Sie ihm bitte nicht das Buch über Hundepflege, das Sie schon immer loswerden wollten.

Noch ein ganz wichtiger Aspekt zum Thema Geschenke: Wenn Sie selbst der Gastgeber sind und viele Gäste eingeladen haben, legen Sie die Präsente zunächst ungeöffnet auf einen Tisch und öffnen Sie die Päckchen erst, wenn sich die letzten Gäste verabschiedet haben. Da Sie nicht davon ausgehen können, dass jedem Geschenk eine Karte beigefügt wurde, halten Sie zur Sicherheit Notizzettel und Stift bereit, damit Sie die Namen der Schenkenden an die Pakete heften können. Schließlich wollen Sie wissen, bei wem Sie sich am nächsten Tag telefonisch oder schriftlich bedanken.

Verzichten Sie unter allen Umständen darauf, sich nach dem Essen in die Mitte des Raumes zu stellen, 50 Gäste als Publikum um sich zu versammeln und dann als Entertainment-Einlage die einzelnen Geschenke auszupacken. Sie können sicher sein, dass mindestens einer der Gäste sich über ein bestimmtes Geschenk mokiert. Wie sich derjenige fühlt, der eben dieses Geschenk vielleicht mit viel Liebe, aber wenig Geschick ausgesucht hat, müssen wir hier nicht näher erläutern. Zwar liefern Sie mit solchen Zwischenfällen genügend Stoff für die Small Talks der nächsten zehn Jahre, aber da sind andere Themen letztlich doch geeigneter.

So verlaufen Feiern stressfrei und interessant

Wer sich vorher Gedanken zu den oben erwähnten Fragen gemacht hat, kann der eigentlichen Party ganz entspannt entgegensehen. Aber natürlich bereitet sich der Profi nicht nur anders vor, er gestaltet seinen »Auftritt« auch grundlegend anders als der »Durchschnitts-Gast«.

Wie rettet sich der typische Party-Gast über den Abend? Er betritt den Raum und sieht sich zunächst einmal um, wo das Büfett und die Bar aufgebaut sind. Vorsichtshalber versorgt er sich gleich zu Beginn reichlich mit Essbarem und Getränken. Voll beladen sucht er nun nach bekannten Gesichtern. Während er noch denkt: »Na prima, dahinten stehen Klaus, Uwe und Dieter. Die habe ich ja mindestens drei Tage nicht mehr gesehen«, ist er auch schon auf dem Weg zu ihnen. Sieht aus, als würde es ein gelungener Abend. Das Essen schmeckt und mit den Freunden kann er über alles Mögliche quatschen. Zwischendurch schaut er sich vielleicht neugierig um, ob es interessante Leute gibt, mit denen es sich zu reden lohnt. Er hofft, dass der eine oder andere unbekannte Gast ihn sieht und ihn ansprechen wird.

Was genau ist an dieser Einstellung eigentlich falsch? – Alles! Jedenfalls dann, wenn man sich als Gast nicht nur satt essen will, sondern mit interessanten Leuten ins Gespräch kommen möchte. Wer in der einen Hand den Teller und in der anderen das Glas hält, signalisiert den anderen Gästen: »Ich will jetzt essen und dabei nicht gestört werden«. Small-Talk-Profis besuchen Partys, um interessante Gespräche zu führen und Kontakte zu knüpfen. Deshalb essen sie etwas, bevor sie beim Gastgeber eintreffen.

Eine weitere Regel lautet: Kommunikationsprofis schleichen sich nicht unbemerkt in den Raum. Genauso wenig stellen Sie sich in die hinterste Ecke und warten darauf, dass sie irgendjemand anspricht. Ihr Auftritt hat eher die folgende Dramaturgie: Bevor sie den Raum betreten, machen sie an der Tür kurz Halt und lassen ihren Blick langsam durch den Raum schweifen. Sie vermitteln mit ihrem Verhalten allerdings garantiert nicht die Aussage: »Schaut mich an, Leute! Hier bin ich!« Es geht allein darum, ein Gespür für die Party zu entwickeln. Wie ist die Stimmung? Sind die Gäste gut gelaunt? Welche Musik wird gespielt? Wer unterhält sich mit wem?

Während sich der Profi umschaut, fragt er sich: »Mit wem würde ich mich am liebsten unterhalten? Wer scheint sympathisch zu sein? Hat hier jemand eine interessante Geschichte zu erzählen? Gibt es einen Gast, der mich beruflich weiterbringen könnte? Von wem kann ich etwas lernen?«

Antworten auf diese Fragen wird er allerdings nur bekommen, wenn er Augenkontakt zu den anderen Gästen sucht. Mit Augenkontakt meinen wir natürlich nicht Anstarren, sondern einen offenen, freundlichen Blick, der sagt: »Schön, dass ich Sie hier treffe!« Anschließend zögert er nicht, die interessanten Personen direkt anzusprechen. Der Kommunikationsprofi entscheidet selbst, mit wem er sich unterhalten möchte. Er überlegt nicht krampfhaft, wie er das Gespräch eröffnen soll, sondern stellt sich der Person ganz einfach vor: »Guten Abend! Ich bin Dirk Lehmann. Ich würde mich gern mit Ihnen unterhalten.« Damit keine unangenehme Pause entsteht, wird er gleich einen harmlosen Kommentar folgen lassen: »Ich habe mit dem Gastgeber in München Jura studiert, und woher kennen Sie Klaus Berger?« Oder er erzählt nach der Einleitung: »Ich spiele zusammen mit unserem Gastgeber im Schachclub. Was verbindet Sie mit ihm, woher kennen Sie sich?«

Wer freundlich auf andere zugeht und den Gesprächspartnern das Gefühl vermittelt, dass er sie sympathisch findet, muss nicht befürchten, zurückgewiesen zu werden. Die meisten Menschen würden sich über die Botschaft »Ich finde Sie interessant und möchte Sie kennen lernen« freuen. Leider gibt es viel zu wenige Menschen, die sich so offen anderen nähern.

Schauen Sie sich einmal auf Partys um. Da stehen die Gäste stundenlang in kleinen Gruppen und unterhalten sich mit denen, die sie schon seit Jahren kennen. Und das gar nicht einmal immer mit Begeisterung, sondern häufig aus Bequemlichkeit oder gar purer Verlegenheit. Es ist bestimmt nicht mehr spannend, sich anzuhören, wie Volker zum 18. Mal erzählt, wie er 1989 drei Stangen Zigaretten aus Frankreich über die Grenze schmuggelte, obwohl doch nur zwei erlaubt waren.

Die meisten Menschen würden gern neue Leute kennen lernen, wissen aber nicht, wie sie das anstellen sollen. Dabei kann das so einfach sein: »Guten Abend. Ich bin Sandra Bischoff ...«

So integrieren Sie sich in eine Runde

Auch wenn Sie nicht mit einer einzelnen Person, sondern mit einer Gruppe anderer Gäste ins Gespräch kommen wollen, kann das ganz unkompliziert ablaufen. Gehen Sie einfach auf eine Gruppe zu.

Sie werden sich dabei nicht gerade die beiden Gäste aussuchen, die flüsternd in der Ecke stehen und offenbar Intimes austauschen. Geeigneter sind größere Gruppen, in denen auch gelacht wird. Haben Sie keine Hemmungen, sich einfach dazuzustellen. Schließlich ist es genau der Sinn von Partys, dass man neue Leute kennen lernt. Was Sie tun, ist also weder unhöflich noch aufdringlich.

Die Integration verläuft am besten schrittweise. Natürlich schießt man nicht auf eine Gruppe zu und unterbricht das Gespräch mit den Worten: »Guten Abend, ich bin Dietrich Mühsam! Wie geht es Ihnen allen?« Ein freundliches »Hallo« und ein kurzer Blickkontakt zu den anderen in der Runde genügt für den Einstieg. Hören Sie zunächst einmal interessiert zu, worum sich das Gespräch gerade dreht. Da in größeren Gruppen in der Regel über Themen von allgemeinem Interesse gesprochen wird, finden Sie relativ leicht einen Einstieg.

Als Neuling in einer Gruppe sollten Sie sich allerdings zu Beginn Kommentare, wie: »Das sehe ich aber anders!« oder gar »Das ist ja nun wirklich Blödsinn!«, verkneifen. Wer in die Runde aufgenommen werden will, beginnt lieber mit Zustimmung, wie zum Beispiel: »Oh ja, da haben Sie gerade einen sehr wichtigen Punkt angesprochen.« Selbstverständlich nutzen Sie nicht die erstbeste Gelegenheit, das Gespräch zu dominieren, sondern achten auf kurze, pointierte Beiträge.

So machen Sie Gäste miteinander bekannt

Als Gastgeber können Sie sehr leicht dazu beitragen, dass sich Ihre Gäste bei Ihnen wohl fühlen. Genau genommen ist das sogar Ihre Pflicht! Wie das geht? Sie machen Ihre Gäste miteinander bekannt. Dabei gilt übrigens immer noch die altbekannte Regel: Der Herr wird der Dame vorgestellt, der Jüngere dem Älteren und im Beruf der Rangniedere dem Ranghöheren.

Soweit leuchtet das noch ein. Allerdings ist das bloße Umsichwerfen von Namen nicht gerade dazu angetan, interessante Small Talks zu initiieren. Was hilft es Frau Müller, wenn Sie ihr Herrn Meier mit den Worten »Ich möchte Ihnen gerne Heiko Meier vorstellen« präsentieren. Sie sollten unbedingt einen Gesprächsaufhänger mitliefern. Wer nur den Namen des anderen kennt, lässt sich in seiner Not vielleicht zu so wenig originellen Bemerkungen hinreißen, wie »Oh, Meier heißen Sie, genau wie mein Gemüsehändler« oder »Heiko? Als ich noch ein Kind war, hatten wir mal einen Hund, der hieß so.« Versuchen Sie es beim nächsten Mal mit Einleitungen, wie »Frau Müller, ich möchte, dass Sie Heiko Meier kennen lernen. Er ist genau wie Sie Spanischlehrer« oder »Er kommt gerade aus Mexiko zurück« oder »Er ist mein neuer Kollege aus der Werbeabteilung«. Mit diesen Informationen schaffen Sie die Basis für einen angeregten Small Talk. Verkneifen Sie sich aber bitte Nachsätze, wie: »So, und nun unterhalten Sie sich mal schön!«

Apropos Namen: Es geht das Gerücht um, Menschen liebten nichts so sehr, wie ihren eigenen Namen zu hören. Daran ist sicher auch etwas Wahres. Treffen Sie zum Beispiel auf einem Kongress die Dame wieder, mit der Sie sich vor einem halben Jahr einmal kurz unterhalten hatten, wird sie sich garantiert über die folgende Begrüßung freuen: »Hallo Frau Bachmann, wie ich sehe, sind Sie aus Mailand zurück. Sie erinnern sich bestimmt. Wir haben uns letztes Jahr auf der Weihnachtsfeier bei Müllers kennen gelernt. Damals erzählten Sie, Sie hätten einen Auftrag in Italien übernommen.«

Die meisten Menschen haben ein sehr schlechtes Namensgedächtnis. Wenn Sie also nach längerer Zeit auf ein bekanntes Gesicht treffen, steigen Sie in der Achtung des anderen, wenn Sie nicht herumstottern: »Ich glaube, wir kennen uns irgendwoher. Aber helfen Sie mir bitte, ich kann mir nämlich überhaupt keine Namen merken.« Mit solchen Sprüchen zeigen Sie gleichzeitig, dass Sie Ihr Gegenüber damals nicht interessant genug fanden, um sich seinen Namen zu merken.

Übrigens hilft es, sich Namen aufzuschreiben, wenn man jemanden gerade kennen gelernt hat. Aber vielleicht überreicht einem der eine oder die andere auch seine/ihre Visitenkarte. Da wird dann vorne »Ursula Bachmann, Unternehmensberaterin« draufstehen. Auf der Rückseite ist sicherlich genügend Platz für Ihre Notizen, z.B. »Italien-Fan und Barolo-Kennerin«.

So weit also zum sinnvollen Gebrauch von Namen. Nun gibt es aber leider auch Zeitgenossen, die glauben, mit der penetranten Wiederholung von Namen ließen sich Blumentöpfe gewinnen. Das klingt dann ungefähr so: »Guten Tag, Herr Müller. Schön, Herr Müller. Danke, Herr Müller. Bitte, Herr Müller.« Wie eine solche Attacke auf den Besagten wirkt, müssen wir nicht weiter erläutern.

Für alle Fälle: So gelingt der Rückzug

Es gibt viele gute Gründe, Small Talks an gewissen Punkten langsam, aber sicher zu beenden. Vielleicht suchen Sie auch den schnellen Ausstieg, weil Ihr Gesprächspartner Sie unendlich langweilt. In diesem Fall bietet sich der selbstbewusste und freundliche Schlussstrich an. Sie schleichen sich also nicht heimlich davon, nachdem Sie so etwas wie »Ich verdurste gleich. Ich glaube, ich hole mir etwas zu trinken« gemurmelt haben.

Denn wenn Sie Pech haben, sagt der, den Sie gerade abhängen wollten: »Großartige Idee! Da komme ich gleich mit!« Und falls er Sie nicht an die Bar verfolgt, wird er sich spätestens nach 15 Minuten wundern, weshalb Sie nicht, wie angekündigt, zurückkommen. Der positive Eindruck, den Sie vorher hoffentlich durch Ihr höfliches Verhalten erzeugt hatten, ist auf diese Weise schnell ruiniert.

Nein, wenn Sie ein Gespräch abbrechen möchten, dann darf das nicht so wirken, als wollten Sie den anderen loswerden und hätten zu allem Überfluss auch noch ein schlechtes Gewissen bei dieser Aktion. Beenden Sie das Gespräch positiv, aber deutlich: »Ich habe mich sehr gefreut, Sie kennen zu lernen! Bestimmt haben wir demnächst einmal Gelegenheit, an unsere Unterhaltung anzuknüpfen. Entschuldigen Sie mich jetzt bitte, da drüben sehe ich gerade eine gute Bekannte, die ich unbedingt begrüßen möchte. Ihnen noch einen schönen Abend!« Während Sie dies sagen, schauen Sie nicht etwa peinlich berührt auf den Boden, sondern dem Gesprächspartner freundlich in die Augen.

Der eben beschriebene Ausstieg bietet sich an, wenn Sie weiterhin auf der Party bleiben möchten. Falls Sie aber ohnehin gerade nach Hause gehen wollen, sind Notlügen eine erlaubte Alternative. Wer kann es Ihnen verdenken, wenn Sie eilig gehen müssen, weil Sie Ihre Freundin nach einer längeren Geschäftsreise vom Bahnhof abholen wollen und vorher noch Blumen kaufen müssen. Wenn Sie es geschickt anstellen, gewinnen Sie mit dieser Schlussbemerkung sogar noch Pluspunkte. Ihr Gesprächspartner wird vermutlich denken: »Welch ein charmanter Mensch. Wie nett der sich um seine Lebensgefährtin kümmert!«

So bedanken Sie sich

Wenn Sie irgendwo eingeladen waren – gleichgültig, ob geschäftlich, privat oder offiziell –, sollten Sie sich in jedem Fall bedanken, und das bitte nicht nach drei Monaten, sondern gleich am nächsten Tag. Ob Sie sich nun telefonisch oder per Brief an den Gastgeber wenden, ist von Fall zu Fall zu entscheiden. Je besser Sie den Betreffenden kennen, desto eher werden Sie vermutlich zum Hörer greifen.

Nun können Sie natürlich schreiben: »Sehr geehrte Frau Barth, ich bedanke mich herzlich für den schönen Abend.« Allerdings sind diese Worte nicht sonderlich aussagekräftig. Heben Sie am besten genau das hervor, was Sie besonders beeindruckt hat, zum Beispiel: »Es war eine großartige Idee von Ihnen, Ihr Geschäftsjubiläum in der alten Wasserburg zu begehen. An diesen gelungenen Abend mit vielen interessanten Gesprächen werde ich mich immer wieder gern zurück erinnern.«

Dinge oder Ereignisse müssen nicht einfach nur »schön« gewesen sein. Schlagen Sie das Wort ruhig einmal in dem sehr empfehlenswerten Handbuch der sinnverwandten Wörter *»Sag es treffender«* oder einem ähnlichen Werk nach. Dort finden Sie dann Synonyme, wie »entzückend«, »reizend«, »hübsch«, »formvollendet«, »ebenmäßig«, »harmonisch«, »wunderschön«, »bezaubernd«, »hinreißend«, »bildschön«, »herrlich«, »vollendet«, »makellos«, »unvergleichlich«, »strahlend«, »berückend«, »berauschend« und zahlreiche weitere Adjektive.

Welches Wort nun das betreffende Fest am genauesten beschreibt, wissen Sie selbst am besten. Der geübte Small Talker achtet nicht nur darauf, worüber er spricht. Er benutzt Wörter, die sich wohltuend von solchen 08/15-Ausdrücken wie »gut« und »schön« abheben.

So verhalten Sie sich bei Firmenjubiläen

Es gibt gute Gründe, warum wir bisher so ausführlich auf Partysituationen eingegangen sind. Was wir dort beschrieben haben, lässt sich im Wesentlichen auch auf Begegnungen in der Arbeitswelt übertragen.

Dabei sind die Übergänge fließend: So wie man im Privatleben immer auch über seinen Beruf sprechen wird und natürlich auch bei privaten Feiern auf interessante neue Kontakte hofft, so klammert man auch im Berufsleben das Persönliche nie ganz aus.

Sprechen wir also an dieser Stelle über Betriebsfeste. Angenommen, das Unternehmen, für das Sie arbeiten, wird 25 Jahre alt. Dieses Datum ignoriert der Inhaber garantiert nicht, denn dafür bietet es viel zu viele Chancen. Er wird Medienvertreter einladen, denn PR ist nun einmal billiger und effektiver als Werbung. Außerdem werden solche Ereignisse genutzt, um sich bei Geschäftspartnern für die gute Zusammenarbeit zu bedanken. Vermutlich kommen zur Jubiläumsfeier auch private Freunde des Firmeninhabers.

Und natürlich finden solche Firmenjubiläen nicht ohne die Mitarbeiter statt. Wenn Sie an dem Abend lieber mit Ihrer Freundin ins Kino gehen würden, dann verdrängen Sie diese Idee ganz schnell wieder! Noch Jahre später wird sich die Geschäftsleitung an Ihre fadenscheinige Absage erinnern. Da das nun wirklich nicht in Ihrem Interesse sein kann, holen Sie also den dunklen Anzug oder das kleine Schwarze aus dem Schrank und machen sich auf den Weg.

Lassen Sie uns zunächst schildern, wie sich ungefähr 80 Prozent Ihrer Kollegen auf diesem Fest verhalten werden: Sie kommen früh genug, um sich noch einen Tisch in der Nähe des Büfetts zu sichern. Dort sitzen sie dann den ganzen Abend mit ihren fünf Lieblingskollegen, mit denen sie seit Jahren auch jede Mittagspause verbringen. So muss man sich nicht großartig für das sonstige Geschehen interessieren. Nach dem fünften Glas Wein erinnert man sich gern und laut daran, wie Kollegin Göbel vor drei Wochen über das Computerkabel stolperte und bei der Gelegenheit das 5.000-Euro-teure Gerät vom Tisch riss. Mensch, war das lustig!

Daran sollten Sie sich nicht orientieren, sondern sich stattdessen wie folgt verhalten: Vielleicht begrüßt Ihr Chef im Eingangsbereich die eintreffenden Gäste. Dann werden Sie Ihr Geschenk überreichen, sich für die Einladung bedanken und ihm sowie dem Unternehmen auch für die Zukunft viel Erfolg wünschen. Anschließend wird Ihnen vermutlich ein Kellner ein Glas Sekt anbieten. Sie nehmen einen Sektkelch vom Tablett und schauen sich in Ruhe um. Drei Meter weiter steht ein älteres Ehepaar, ebenfalls mit Gläsern in der Hand. Sie kennen diese Menschen zwar nicht, aber da man Sie so freundlich anlächelt, gehen Sie zu ihnen hinüber und sagen: »Ich möchte gerne mit Ihnen auf dieses große Ereignis anstoßen. Mein Name ist Markus Müller. Ich arbeite seit drei Jahren in der Controlling-Abteilung der Firma Bergmann.«

Möglicherweise stellt sich heraus, dass der nette ältere Herr vor 40 Jahren mit Ihrem Chef in Kiel zur Schule gegangen ist. Vielleicht erzählt er auch, wie übertrieben pingelig Ihr heutiger Chef damals am Gymnasium war. Ob sich das im Laufe der Zeit gelegt hat, will Ihr Gesprächspartner von Ihnen wissen. Schön wär es, doch dieser Hang zum Perfektionismus ist immer noch eine herausragende Eigenschaft des Herrn Bergmann. Sie könnten da so manche Geschichte erzählen. Das tun Sie aber nicht. Sie berichten lieber, wie gern Sie in der Firma arbeiten, weil Herr Bergmann immer ein offenes Ohr für die Anliegen seiner Angestellten hat.

Irgendwann werden Sie dieses Gespräch etwa so beenden: »Ich habe mich sehr gefreut, Sie kennen zu lernen und wünsche Ihnen viel Vergnügen auf dieser Feier und natürlich noch schöne Tage hier in Bremen.« Nun haben Sie also Ihr Kommunikationstalent bewiesen und können sich endlich umschauen, wo Ihre Kollegen Gisela, Uwe und Martin stecken. Stop! Das kommt gar nicht in Frage. Die sehen Sie schließlich am Montag in Ihrer Abteilung. Aber dort hinten links steht etwas verloren eine Dame, von der Sie nur wissen, dass sie Kröger heißt und in der Buchhaltung arbeitet. Sie gehen lächelnd zu ihr hinüber, stellen sich mit den Worten vor: »Schön, dass man auf dieser Feier auch einmal Kollegen aus anderen Abteilungen kennen lernt. Wie hat Ihnen denn der Abend bisher gefallen? Mögen Sie die Musik oder hören Sie sonst lieber etwas anderes?«

In diese zwei Small Talks haben Sie ungefähr eine halbe Stunde Zeit investiert. Für Ihre weitere berufliche Laufbahn wird sich Ihr Verhalten auf dieser Jubiläumsfeier aber in jedem Fall positiv auswirken. Sie können davon ausgehen, dass Ihre Vorgesetzten Ihr Kommunikationsgeschick auf dieser Feier wohlwollend zur Kenntnis nehmen. Und damit empfehlen Sie sich für neue interessante Aufgaben im Unternehmen. Denn bekanntermaßen spielt soziale Kompetenz im Berufsalltag eine wesentliche Rolle. In neue Controlling-Systeme kann sich beinahe jeder recht schnell einarbeiten, aber nur wenige Menschen treten selbstsicher und kommunikativ auf. Falls Sie zu dieser Gruppe gehören, ist das ein wichtiger Karrierefaktor.

Verkriechen Sie sich also nicht in eine Ecke und verbringen Sie den Abend nicht ausschließlich mit Kollegen, Kunden und Mitarbeitern, die Sie bereits bestens kennen und wahrscheinlich am nächsten Arbeitstag sofort wieder sehen werden. Signalisieren Sie auch per Körpersprache, dass Sie offen für alle Gespräche sind. Lächeln Sie, kommunizieren Sie mit den Augen. Nutzen Sie die Chancen, die Ihnen ein aufmerksamer Blickkontakt bietet! Das heißt, vermitteln Sie Ihrem Gegenüber freundliche Wertschätzung und nehmen Sie dabei gleichzeitig wahr, wie interessiert oder gelangweilt dieser Ihren Ausführungen folgt.

Small Talk im Alltag

Small Talk und Dienstleistungen

Wer einen vernünftigen Haarschnitt will, sollte nicht in den Frisörsalon stürzen und die Angestellte fragen: »Sind Sie hier Friseuse?« Die Dame ist Frisörin und vermutlich stolz darauf. »Friseuse« klingt nach tiefergelegtem Auto mit Heckspoiler und Fuchsschwanz an der Antenne, und diese Assoziationen gehen ihr verständlicherweise gegen den Strich. Wenn Sie »Friseuse« genannt wird, macht es ihr vielleicht einen Heidenspaß, bei Ihnen »aus Versehen« an der linken Seite etwas mehr abzuschneiden als rechts.

Mit anderen Berufen verhält sich das ähnlich. Fragen Sie mal den Herrn in der Apotheke: »Sind Sie hier Verkäufer?« Das weist er mit Recht zurück. Er ist Apotheker! Im Blumenladen arbeiten Floristen, im Buchladen Buchhändler, im Möbelladen Einrichtungsberater. Wenn Ihnen an freundlichem Service gelegen ist, nennen Sie am besten keinen dieser Leute »Verkäufer«. Die meisten mögen dieses Wort nicht, weil es im deutschen Sprachgebrauch einen negativen Unterton hat. Der nationale Verkaufsleiter des Autokonzerns freut sich vermutlich über den Titel »Verkäufer des Jahres«, aber am anderen Ende der Hierarchie ist man da empfindlicher.

Und im Kindergarten arbeiten – richtig, nicht Kindergärtnerinnen, sondern – Erzieherinnen. Da behaupte noch jemand, mit Sprache ließe sich nichts erreichen. Man tauscht Begriffe aus, und schon fühlt sich das Gegenüber anerkannt.

Small Talk auf Reisen

Sie waren zwar noch nie in Neuseeland, aber letztes Jahr auf dem Münchner Oktoberfest saßen am Nebentisch drei junge Neuseeländer, oder sollte man lieber sagen, sie lagen alkoholberauscht auf den Bänken. Eines »wissen« Sie seitdem und erzählen es auch gern anderen: »Neuseeländer sind Alkoholiker.«

Wenn wir Deutsche ins Ausland fahren, sind wir auch der Gefahr von Verallgemeinerungen ausgesetzt. Ein deutsches Ehepaar benimmt sich unmöglich und vermittelt damit den Eindruck: »80 Millionen Deutsche sind ungehobelt.«

Was das alles mit Small Talk zu tun hat? Ganz einfach: Menschen mit einem gewissen Bildungsgrad verschlägt es nicht nur nach Spanien, weil dort die Sonne scheint und es Sangria in Eimern gibt. Das Spannende am Reisen sind Gespräche mit anderen Menschen.

Und hier bieten sich ungeahnte Möglichkeiten, als »Diplomat« fürs eigene Land aufzutreten. Wer sich im Ausland höflich und rücksichtsvoll verhält und im Gespräch beispielsweise Verständnis für die häufig schwierige wirtschaftliche Situation des Gastlandes erkennen lässt, der zeigt gleichzeitig, dass »die Deutschen« doch ganz sympathisch sein können.

Mag ja sein, dass man den Eindruck hat, die Flasche Wein zum Essen sei lächerlich billig im Vergleich zu den Preisen, die man von zu Hause gewöhnt ist. Nur sollte man sich zwischendurch immer mal wieder vor Augen führen, dass knapp die Hälfte der Weltbevölkerung mit weniger als zwei US-Dollar am Tag auskommen muss. Ohne allzu viel Fantasie kann man sich ausmalen, wie sich ein Bewohner der »Dritten Welt« fühlt, dem erklärt wird: »Mensch, ist das alles billig hier bei Ihnen. Dieser gute Wein für nur fünf Dollar ist ein absolutes Schnäppchen. Bei den Preisen kann man sich ja jeden Abend eine Flasche gönnen.« Besonders auf Reisen sollte man beim Small Talk darauf achten, die Gefühle des anderen nicht durch unüberlegte Äußerungen zu verletzen.

Und hier noch eine typische Small-Talk-Situation, in die man auf Reisen geraten kann: Es geht um Zufallsbekanntschaften und damit um die Gelegenheit, sich selbst, seine Kenntnisse und Erfahrungen ins rechte Licht zu rücken.

So geschah es neulich im Flugzeug von London nach Berlin: Wie es der Buchungscomputer wollte, sitzt die 25-jährige Medizinstudentin neben dem 30-jährigen angehenden Juristen. Schnell kommt man ins Gespräch. Wie sich herausstellt, kehrt die Medizinerin nach einem Studienaufenthalt in Australien in ihre Heimatstadt zurück. Der zukünftige Rechtsanwalt studiert in England und will an einem Kongress in der Hauptstadt teilnehmen. Nach gegenseitiger Aufklärung, wo man im Laufe der Jahre schon überall studiert und hospitiert hat, kommt man auf die Lebensqualität deutscher Großstädte zu sprechen. Die junge Studentin, die eigentlich immer nur im Ausland gewohnt hat, ist sich in einem ganz sicher: Leben kann man in Deutschland überhaupt nur in Berlin. München ist doof, Frankfurt hässlich, Stuttgart spießig, Hamburg arrogant, Köln aufdringlich und Düsseldorf oberflächlich. Nicht dass sie jemals in einer dieser Städte gewesen wäre, aber das weiß »man« halt. Ihr Sitznachbar hat dieser geballten Ladung Allgemeinwissen nur noch wenig hinzuzufügen. Wahrscheinlich kommt er aus Stuttgart. Er ist gedanklich ohnehin schon ganz woanders. Nachdem die Frau erzählt hat, ihre Mutter werde sie vom Flughafen abholen, fragt er, ob er im Auto mitfahren dürfe. Diese Bitte reicht nun wiederum aus, die junge Städteexpertin einsilbig werden zu lassen.

Was ist in diesem Small Talk passiert? Manch einer mag es angeberisch finden, wenn Menschen stundenlang monologisieren, was sie alles können, gemacht haben und besitzen. Falls sich allerdings zwei Personen mit vergleichbaren Lebensläufen und Temperamenten unterhalten, ist das kein Problem. Vielmehr liefert man sich gegenseitig Stichworte für den weiteren Gesprächsverlauf.

Nein, letztlich sind es zwei andere Dinge, die die anfangs so euphorische Unterhaltung ins Stocken geraten lassen. Erstens sollte man es vermeiden, subjektive Ansichten für das Maß aller Dinge zu halten und jeden, der anders denkt, zum Idioten zu erklären. Bei 25-jährigen mag man eine solche Einstellung vielleicht gerade noch als Unerfahrenheit durchgehen lassen, ein paar Jahre später wären solche Pauschalisierungen allerdings nicht mehr zu entschuldigen. Natürlich muss man nicht jede Stadt mögen. Nur gibt es in dem Fall zum Glück subtilere Wege, dies zu umschreiben.

Zweitens sollte man nach kurzen Gesprächen mit Menschen, die man soeben erst kennen gelernt hat – und mögen Sie noch so nett erscheinen –, nicht gleich annehmen, Freunde fürs Leben gefunden zu haben. Wer die Mutter des Flugzeugnachbarn kurzerhand zur kostenlosen Taxifahrerin umfunktioniert, wird in der Regel auf Verwunderung oder Missfallen stoßen. Das sieht natürlich anders aus, wenn man zum Mitfahren eingeladen wird. Aber ein solches Angebot klingt dann doch eher nach südländischer Gastfreundschaft als nach nordeuropäischer Distanz ...

Small Talk im Beruf

Wer glaubt, Small Talk habe im Berufsalltag nichts verloren, denn hier ginge es allein um messbare Ergebnisse und um freundlich seichte Höflichkeitskonversation, macht sich das Leben nicht nur unnötig schwer, sondern sollte erst gar nicht an eine Karriere denken. Kommunikationsgeschick ist einer der wichtigsten Erfolgsbausteine. Leuchtet einem dies erst einmal ein, wird man sich natürlich fragen, worüber man sich mit Vorgesetzten, Geschäftsfreunden oder Kollegen am besten unterhält. Doch zuvor noch ein Wort zu dem übergreifenden Thema Small Talk zwischen den Geschlechtern:

Zugegeben, es klingt so, als würden alte Klischees wieder aufleben: Frauen sind sentimental und beziehungsorientiert; Männer interessieren sich für Substantielles und achten auf ihren Status. Oder noch etwas plakativer: Frauen sprechen gern über ihre Gefühle, Männer lieber über Autos.

Natürlich gibt es genügend Gegenbeispiele, aber vollkommen aus der Luft gegriffen ist diese grob vereinfachte Gegenüberstellung nicht. Frauen sind nun einmal die besseren Small Talker. Meistens fallen ihnen problemlos interessante Themen ein, über die sie gern reden möchten. Sie sind eher bereit, über Privates zu sprechen, und das verbindet. Männer tun sich da wesentlich schwerer. Wenn sie überhaupt einen leichten Gesprächseinstieg finden, herrscht häufig Funkstille, sobald Beruf, Auto und Sport abgehakt sind.

Und so kommt es im Small Talk zwischen den Geschlechtern auch immer wieder zu Missverständnissen und daraus resultierenden Schwierigkeiten. Männer sind schnell irritiert, wenn eine Kollegin Persönliches anspricht; Frauen fehlt der rechte Enthusiasmus, sich stundenlang über Arbeitsspeicher und Festplattengröße der neuesten Computermodelle auszulassen.

Im Allgemeinen gilt jedoch, dass Gespräche, an denen Frauen beteiligt sind, harmonischer verlaufen, da Frauen eher um Ausgleich bemüht sind. Männer treten häufig selbstbewusster auf und stellen ihre Ansichten gerne als Fakten in den Raum. Dass solches Verhalten nicht gerade für eine entspannte Small-Talk-Atmosphäre sorgt, leuchtet ein.

Small Talk mit Vorgesetzten

Wenn Sie sich über eines nicht den Kopf zerbrechen müssen, dann über die Frage: »Worüber rede ich bloß mit meinem Vorgesetzten, wenn er mir im Flur über den Weg läuft?« Wer weiter oben in der beruflichen Hierarchie steht, ist häufig ein guter Small Talker. Gerade in der Wirtschaftswelt erreicht kaum jemand höhere Positionen ohne Kommunikationstalent. Erfolg im Beruf ist meistens eng an soziale Kompetenz gekoppelt, aber, wie überall, bestätigen auch hier Ausnahmen die Regel.

Ihre Meinung ist gefragt

Stellen Sie sich folgendes Szenario vor: Sie begegnen dem Geschäftsführer auf Ihrem Weg in den Aufenthaltsraum. Natürlich hat er es eilig, aber die Zeit für einen kurzen Small Talk nimmt er sich trotzdem. Als Kommunikationsprofi weiß er, wie gern Menschen nach Ihrer Meinung gefragt werden. Also sagt er: »Ach schön, dass ich Sie gerade treffe, Frau Weber. Sagen Sie, wie gefällt Ihnen denn die Kantine nach dem Umbau?«

Nicht, dass Ihre Äußerungen noch irgendeinen Einfluss auf die Neugestaltung des Raumes haben könnten, denn die Bauarbeiten sind bereits abgeschlossen. Aber trotzdem ist die Frage ein erfolgversprechender Schachzug. Sie fühlen sich plötzlich wichtig und akzeptiert. Man interessiert sich für Ihre Meinung, und das ist immer ein erhebendes Gefühl.

Und wie reagieren Sie? Wenn Sie ehrlich sind, hätten Sie den Raum anders tapeziert. Schönere Tische und Stühle gibt es auch. Halt! Dies mögen Sie vielleicht denken, aber dem Geschäftsführer werden Sie

Ihre Eindrücke in abgeschwächter Form präsentieren. Denn wenn Sie das Ergebnis der Umbauarbeiten kritisieren, greifen Sie ihn persönlich an, er hat die Pläne schließlich abgesegnet. Also überlegen Sie blitzschnell, was Sie der Neugestaltung Positives abgewinnen können. Und genau diesen Aspekt stellen Sie in den Mittelpunkt: »Großartig, dass da mal was in Bewegung kam, Herr Schmoll. Die neuen Farben verbreiten in jedem Fall gute Laune. Ich merke, dass ich aus den Pausen richtig motiviert an den Schreibtisch zurückkehre. Vielen Dank für Ihr Engagement in dieser Sache. Was ich bisher vermisse, sind Pflanzen. Der Raum wirkt noch etwas kahl. Aber ansonsten ist es im Vergleich zu früher ein Unterschied wie Tag und Nacht!«

»Ja, mit den Blumen, da sprechen Sie einen wichtigen Punkt an, Frau Weber. Darüber haben wir natürlich auch schon nachgedacht. Nächste Woche treffe ich mich mit einer Gartenbauarchitektin, die uns in der Frage beraten wird. Vielen Dank für Ihr Feedback. Ich muss jetzt mal weiter ...« – Ein kurzer Small Talk, zwei glückliche Menschen.

Natürlich könnten Sie uns spätestens an dieser Stelle vorwerfen, wir würden Anpassung um jeden Preis, womöglich sogar Kriecherei predigen. Aber überlegen Sie: Was hätten kritische Sätze in diesem Moment, in dieser Situation gebracht? – Bestimmt keine Veränderung in Richtung: »Es gefällt Ihnen nicht Frau Weber? Wie schade. Was können wir tun, um es für Sie schöner zu machen?«

Small Talk zwischen den Generationen

Wie schön, dass man nicht nur älter, sondern auch reifer und gelassener wird. Dieser Prozess wirkt sich in der Regel positiv aufs Gesprächsverhalten aus. Ältere Menschen können häufig besser zuhören, sprechen nicht ständig davon, was sie alles können und besitzen, müssen nicht immer das letzte Wort haben und haben schon so manches erlebt und deshalb auch Interessantes zu erzählen.

Nun pflegt wiederum jede Generation ihren eigenen Konversationsstil: Jugendliche können sich problemlos in einem Moment über angesagte Turnschuhmarken und im nächsten über bedrohte Tierarten unterhalten. Ältere halten solche Themenwechsel für oberflächlich. Wenn sie miteinander reden, dann sind die Gespräche vielleicht intensiver. Möglicherweise ist auch die Themenpalette kleiner. Man spricht nicht über irgendetwas, bloß um die Zeit totzuschlagen, sondern wählt ernsthaftere Inhalte. Diese unterschiedlichen Positionen sollte man bei entsprechenden Begegnungen berücksichtigen.

Schauen wir uns also folgendes Beispiel an: Es ist ein sonniger Nachmittag. Sie warten auf den Fahrstuhl. Als er kommt, öffnet sich die Tür und drin steht nicht etwa Ihre Lieblingskollegin, die Sie vermutlich mit: »Hey, scharfe Schuhe. Wo hast Du die denn gekauft?« begrüßen würden, und auch nicht Ihr Kollege Schwartz aus der Buchhaltung, den Sie fragen könnten, ob er sich bei dem herrlichen Wetter nicht auch freut, dass bald Feierabend ist. Nein, es ist der Seniorchef Ihrer Firma, der im Aufzug wartet und gern weiterfahren möchte. Wegrennen gilt nicht! Die meisten drücken sich gern vor solchen Pflichtgesprächen mit Ranghöheren. Aber wenn die Fahrstuhltür erst einmal wieder geschlossen ist, wird man sich über irgendetwas unterhalten müssen.

Gegenseitiges Anschweigen wirkt äußerst verkrampft. Leider Gottes fühlen Sie sich genauso. Wie bereits geschildert, sind unverbindliche Small Talks zwar unter Jüngeren gang und gäbe, aber für Ältere oft ungewohnt. Warten Sie also nicht darauf, dass der Seniorchef das Gespräch eröffnet. Hier gilt die Devise: Angriff ist die beste Verteidigung. Sagen Sie selbst etwas Freundliches, Verbindliches: »Schön, Herr Bergmann, dass ich Sie hier treffe. Da kann ich mich noch einmal für das gelungene Sommerfest am letzten Wochenende bei Ihnen bedanken. Es hat mir sehr gut gefallen. Danke, dass Sie uns den herrlichen Abend ermöglicht haben. Ich hoffe, Ihrer Frau und Ihnen hat der Abend genauso viel Freude gemacht.«

Vielleicht klingt es altmodisch, aber Respekt und Freundlichkeit sind wichtige Faktoren in Gesprächen zwischen den Generationen. Falls Ihr Chef sein Unternehmen vor einigen Jahrzehnten mit großem Engagement selbst aufgebaut hat, fühlt er sich vermutlich für das Wohl seiner Mitarbeiter persönlich verantwortlich. Natürlich will er Gewinne erzielen, aber er glaubt eben auch, dass er seinen Angestellten etwas Gutes tut, indem er ihnen Arbeitsplätze bietet. Wenn Sie daher als jüngerer Mitarbeiter in Small-Talk-Situationen mit älteren Vorgesetzten mal ein »Danke« einfließen lassen, ist das eine kluge Geste, eine lohnenswerte Investition.

Sie hatten aber leider kein Firmenjubiläum in der letzten Zeit und tun sich deshalb schwer, sich andere Themen für diese Situation vorzustellen? Loben Sie die Neuanschaffung des Kopiergeräts, der Computeranlage, des Programms XY. Erzählen Sie in kurzen Worten, dass sich jetzt dieses oder jenes besser organisieren lässt, seit oder weil dies oder das passiert ist. Es wird sich schon etwas Positives finden lassen, über das Sie freundlich, optimistisch sprechen können. Und gerade darauf kommt es jetzt an.

Der Chef im Theater

Der erste Akt der Oper liegt hinter Ihnen. Welch ein großartiger Abend! Nun stehen Sie mit Ihrer Begleiterin im Foyer, trinken ein Glas Sekt und freuen sich auf den Sängerwettstreit. Natürlich lassen Sie auch den Blick durch die Halle schweifen. Ist doch immer wieder interessant, wie sich die anderen Opernbesucher verhalten und wer welche Kleidung trägt. Da entdecken Sie zufällig Ihren Chef, der sich 15 Meter von Ihnen entfernt mit seiner Frau und einem weiteren Ehepaar angeregt unterhält. Sie wussten gar nicht, dass Ihr Vorgesetzter sich auch für klassische Musik interessiert. Jetzt sind Sie sich nicht sicher, ob er Sie auch schon gesehen hat. Im Moment zumindest schaut er nicht in Ihre Richtung. Wie sollen Sie sich nun verhalten?

Bei aller Liebe zur Kommunikation und bei allem, was Sie von uns über den Small Talk gelernt haben – in diesem Fall ist Zurückhaltung angesagt. Ihr Vorgesetzter genießt es garantiert, sich einen Abend lang einmal keine Gedanken über Geschäftsstrategien, neue Computeranlagen und Personalplanung machen zu müssen. Wenn er also in dem Augenblick, in dem Sie ihn bemerken, nicht gerade zu Ihnen herüberschaut, sollten Sie erstens darauf verzichten, weiter in seine Richtung zu starren, und zweitens nicht gleich mit Ihrer Freundin im Schlepptau zu ihm hingehen um ihn in ein Gespräch über den frühen zu Wagner verwickeln. Gönnen Sie ihm und auch sich selbst den freien Abend!

Etwas anderes ist es natürlich, wenn Sie ein vertrautes Verhältnis zu Ihrem Chef haben. In dem Fall werden Sie ihn schon kurz begrüßen wollen. Dann unterbrechen Sie ihn jedoch nicht ausgerechnet mitten in einem Gespräch, werden aber vielleicht auf dem Weg zurück zu den Plätzen kurz »Guten Abend« sagen und ihm viel Freude am weiteren Opernverlauf wünschen.

Eines jedoch ist absolut tabu: Bei solchen Begegnungen auf neutralem Terrain spricht man über alles Mögliche, aber garantiert nicht über Berufliches. Kommen Sie also nicht auf die Idee, Ihren Chef im Theater daran zu erinnern, dass er Ihnen schon vor vier Wochen einen neuen Computerbildschirm versprochen hatte.

»Kann ich Freitag freihaben?« versus »Denken Sie, dass Sie Freitag ohne mich auskommen können?«

Durch geschicktes Small-Talk-Verhalten sorgen Sie problemlos für ein gutes Verhältnis zu Ihren Kollegen und Vorgesetzten. Wer immer wieder erkennen lässt, dass ihm die anderen wichtig sind, kann im Ernstfall auf deren Verständnis und Unterstützung bauen. Natürlich müssen solche Vertrauensverhältnisse über Wochen, Monate, wenn nicht sogar Jahre aufgebaut werden. Man sollte also laufend ein offenes Ohr für die Freuden und Nöte seines Arbeitsumfelds haben und nicht erst dann Interesse heucheln, wenn man selbst Hilfe braucht.

Wer also donnerstagmittags seinen Vorgesetzten fragen will, ob er nicht ausnahmsweise am Freitag freinehmen kann, der sollte ihn nicht ausgerechnet eine halbe Stunde vorher aus »taktischen« Gründen mit »Schicke Schuhe, Herr Hansen! Sind die neu?« ansprechen, insbesondere dann nicht, wenn er jahrelang nur das Allernötigste mit ihm beredet hat.

Dass man mit Komplimenten lieber sparsam umgehen sollte, diese aus strategischer Sicht wenig nutzbringend sind und nur gemacht werden sollten, wenn sie aufrichtig gemeint sind, darauf sind wir an anderer Stelle bereits eingegangen. Darüber hinaus ist es natürlich auch geschickt, seine Anliegen in die richtigen Worte zu kleiden.

Bleiben wir bei unserem Beispiel mit dem verlängerten Wochenende. Im Grunde haben Sie nur einen Gedanken: »Ich will Freitag frei haben!!!« Aber ganz so drastisch werden Sie diese Forderung vermutlich nicht formulieren wollen. Vielleicht fragen Sie Ihren Chef also »Herr Hansen, kann ich bitte Freitag freihaben. Es ist sehr wichtig für mich.« Besonders geschickt ist allerdings auch diese Formulierung nicht. »Ich«, »mich«, »frei«: alles Wörter, die bei Ihrem Vorgesetzten folgende Assoziationen auslösen: »Herr Mönchberger will sich ein schönes Wochenende machen. Dass wir am Freitag seine Arbeit übernehmen müssen, interessiert ihn nicht!«

Formulieren Sie stattdessen: »Herr Hansen, denken Sie, dass Sie am Freitag ohne mich auskommen können?«, und stellen Sie mit dieser Formulierung Ihren Chef in den Mittelpunkt. Sie betrachten die Angelegenheit aus seiner Perspektive und geben ihm gleichzeitig zu verstehen, dass Sie ihn für einen guten Organisator halten, der die Arbeitsabläufe auch kurzfristig noch anders planen kann.

Small Talk mit Kollegen

Privates ist keinesfalls tabu

Fragen Sie sich einmal selbst, worauf Ihr Blick in der Zeitung als erstes fällt: auf die Meldung im Wirtschaftsteil über die finanzielle Beteiligung des Ex-Tennisstars an einem neuen Unternehmen oder auf das Foto, auf dem er mit seiner neuen Freundin zu sehen ist. Falls Sie sich eher für Sachfragen interessieren, gehören Sie zu einer Minderheit. Die meisten Menschen finden es entschieden spannender, zu erfahren, wer sich mit wem, wo und wann trifft.

Auf Ihr Small-Talk-Verhalten in der Arbeitswelt übertragen bedeutet das gerade beschriebene Phänomen, dass Sie in die Offensive gehen sollten. Da sich Ihre Kollegen vermutlich für ihre private Seite mindestens genauso interessieren wie für Ihr Talent, die »Balanced Scorecard« zu erklären, sollten Sie die Chance nutzen und Ihr Image selbst gestalten.

Warten Sie also nicht, bis Ihnen irgendwelche Kollegen neugierige Fragen stellen, sondern berichten Sie gut gelaunt, was Sie am Wochenende Aufregendes erlebt haben. Aus Ihren Geschichten sollte man immer eine positive Grundeinstellung ableiten können. Wenn Sie sich schon gezielt selbst darstellen, dann natürlich als optimistischer, positiv denkender Professional.

Allerdings wirkt es auf Dauer langweilig, unglaubwürdig und angeberisch, wenn Sie immer nur von tollen Erlebnissen berichten. Wahrscheinlich passiert hin und wieder auch einmal ein Malheur. Warum erzählen Sie Ihrer Kollegin nicht beispielsweise, wie Sie zum ersten Mal in Ihrem Leben selbst Wäsche waschen wollten, um Ihre Frau zu entlasten, und bei der Gelegenheit sämtliche Schmutzwäsche in eine Maschine stopften. Was Sie für besonders geschickt und effizient hielten, erwies sich am Ende dann doch nicht als so klug, weil die weiße Wäsche grau wurde und der Rest einlief. Wer mit solchen kleinen Anekdoten zeigt, dass er über sich selbst lachen kann, sammelt Sympathiepunkte.

Wer fragt, muss auch zuhören

Ihre Kollegin ist zwar ein bisschen neugierig, aber immerhin weiß sie sehr gut, dass Menschen gern von erfreulichen Erlebnissen berichten. Sie freuen sich also über ihre Frage nach dem Verlauf des achtzigsten Geburtstags Ihrer Großmutter. Am Freitag hatten Sie ihr von dem bevorstehenden Ereignis erzählt. Da die Feier mit 150 Gästen im festlichen Rahmen stattfand, konnten Sie viele Eindrücke sammeln, haben interessante Leute getroffen und lustige Zwischenfälle erlebt.

Da kommt also die ersehnte Frage: »Waren Sie nicht am Wochenende auf der Familienfeier in Regensburg? Wie ist denn die Feier verlaufen?« Small-talk-erfahren wie Sie sind, liegt es Ihnen fern, Ihr Gegenüber nun mit ellenlangen Detailschilderungen zu langweilen, aber in zwei oder drei Sätzen möchten Sie schon auf das Fest eingehen. Sie erzählen also gerade, wie der Abend sich zu Ihrer großen Freude heiter und gelassen gestaltete. Natürlich achten Sie, während Sie sprechen, auf Blickkontakt zu Ihrer Kollegin. Sie erwarten Feedback. Sie möchten sehen, ob sie an Ihrer Antwort interessiert ist, erwarten weitere Fragen, notfalls auch so banale Erkundigungen wie: »Was gab es eigentlich zu essen?«

Und was macht ihre Kollegin, während Sie sprechen? Sie kramt zunächst in ihrer Schublade herum, sucht einen Radiergummi und rennt dann unvermittelt los, um sich einen Kaffee zu holen. Überlegungen, ob Sie noch weitererzählen sollen, erübrigen sich ganz von allein. Allzu interessiert scheint Ihre Gesprächspartnerin nicht zu sein.

Dieses Beispiel soll Ihnen verdeutlichen, dass Sie zwar für ein gutes Verhältnis zu Ihren Kollegen sorgen, wenn Sie zeigen, dass Sie sich mit ihnen freuen können. Es ist daher eine gute Idee, dem anderen Raum zum Erzählen zu geben. Aber als bloße Taktik macht das Ganze keinen Sinn. Beginnen Sie also besser keine Gespräche, an denen Sie überhaupt nicht interessiert sind.

Wer Fragen stellt, sollte sich auch Zeit zum Zuhören nehmen. Eigentlich logisch, aber wie es die oben beschriebene Gesprächssituation zeigt, gar nicht so selbstverständlich. Wenn Sie sich also nach dem Befinden Ihres Arbeitskollegen erkundigen, müssen Sie ihm durch Blickkontakt und Verzicht auf andere Aktionen (wie z.B. Herumwühlen in Schubladen) signalisieren, dass Sie seine Ausführungen wirklich hören wollen.

Und noch etwas: Lassen Sie Ihr Gegenüber ausreden! Sollte es zu langweilig werden, haben Sie immer noch die Möglichkeit, das Gespräch höflich zu beenden, vielleicht mit den Worten: »Ich freue mich, dass Sie einen angenehmen Abend hatten. Es ist doch immer wieder schön, alte Bekannte wieder zu treffen und Erinnerungen auszutauschen. Aber ich befürchte, jetzt muss ich zusehen, dass ich mit meinem Projekt weiterkomme. Wir finden sicherlich später noch Gelegenheit, uns weiter zu unterhalten.«

»Wie war denn Ihr Urlaub?« oder: Die Botschaft hinter der Geschichte

Alles beginnt mit einer ganz harmlosen Frage. Herr Berghofer kehrt nach drei Wochen aus dem Sommerurlaub zurück. Seine stets höfliche Kollegin Müller empfängt ihn: »Willkommen im Büro, Herr Berghofer. Wie war denn Ihr Urlaub?«

Und schon wird Sie von einer Lawine erfasst. Kollege Berghofer ist nicht zu bremsen: »Die ganze Reise war eine Katastrophe. Dass ich den Reiseveranstalter bereits verklagt habe, versteht sich von selbst. Das begann schon auf dem Flughafen. Das Bodenpersonal wollte unsere Surfbretter nicht transportieren. Denen musste ich erst mal beibringen, dass der Kunde König ist. Als wir dann endlich im Flugzeug saßen, war der Abstand zwischen den Sitzen zwei Zentimeter geringer als im Prospekt angegeben. Schließlich sind wir mit 15 Minuten Verspätung losgeflogen. Im Hotelbus gab es keine Klimaanlage, und das bei der Hitze. Ach, und dann dieses Hotel, das angeblich vier Sterne hatte: Der Wasserhahn tropfte, pro Zimmer gab es nur drei Handtücher, beim Frühstück mussten wir aufs Müsli verzichten. Am Swimmingpool kam es ständig zu Streitereien mit den Engländern wegen der Liegestühle. Und dann hat's auch noch drei Tage lang geregnet.«

So genau wollte Frau Müller es eigentlich gar nicht wissen. Aber nun hat Sie nicht nur fast jedes Detail über Herrn Berghofers Ferien erfahren. Wenn es ihr nicht schon vorher klar war, weiß Sie spätestens jetzt, dass ihr Kollege ein notorischer Nörgler und Besserwisser ist. Denn er hat nicht nur vom Urlaub gesprochen, sondern bei der Gelegenheit – vermutlich ungewollt – auch gleich einen Einblick in seine Weltsicht, in seinen Charakter gewährt. Worum auch immer es geht; zunächst schaut er, was er kritisieren kann. In den Ferien möchte man ihm lieber nicht begegnen. Aber auch als Kollege hält man in Zukunft lieber etwas Abstand. Auf Beförderung und nette Atmosphäre im Team sollte Herr Berghofer nach seinen Schilderungen in nächster Zukunft nicht hoffen.

Doch spulen wir den Film um einige Meter zurück. Und wieder fragt Frau Müller: »Wie war denn Ihr Urlaub, Herr Berghofer?« In dieser zweiten Version lernen wir den Kollegen von einer ganz anderen Seite kennen: »Oh, vielen Dank für Ihr Interesse, Frau Müller. Es war großartig. Meine Frau und ich haben uns wunderbar erholt. Wenn wir am Mittelmeer sind, geht es uns immer richtig gut. Nun kehrt man mit ganz neuem Elan an die Arbeit zurück. Aber erzählen Sie mal. Haben Sie nicht auch bald Urlaub? Wissen Sie schon, wo es dieses Jahr hingeht? Wenn ich mich richtig erinnere, fahren Sie doch gern nach Skandinavien, oder?«

So einfach ist es, sich im Small Talk als optimistischer und höflicher Mensch zu präsentieren. Mag ja sein, dass im Urlaub nicht alles nach Plan verlief. Aber damit sollte man seine Kollegen nicht behelligen, insbesondere nicht mit den Details.

Small Talks mit bestimmter Zielsetzung

Als Sie nach Büroschluss abends gerade in ihr Auto steigen wollen, kommt überraschenderweise eine Kollegin, mit der Sie bisher kaum ein Wort gewechselt hatten, auf Sie zugeschossen und fragt Sie mehr oder weniger beiläufig: »Na, Sie sehen ja ganz schön geschafft aus heute Abend. Wie läuft's denn mit dem neuen Abteilungsleiter?«

Natürlich ist es möglich, dass sie diese Frage aus reiner Anteilnahme stellt. Wenn andere Ihre harte Arbeit anerkennen, hören Sie das unter Umständen ganz gern. Wahrscheinlicher ist allerdings, dass die Kollegin nicht nur nett plaudern will, sondern eine bestimmte Absicht verfolgt. Da Sie die Dame kaum kennen und nicht wissen, in welcher Beziehung sie zu dem angesprochenen neuen Abteilungsleiter steht, müssen Sie wieder einmal Ihr diplomatisches Geschick bemühen. Anstatt loszuwettern, der neue Chef sei wirklich ein Tyrann, lächeln Sie charmant zurück: »Ich bin froh, dass mal frischer Wind in die Abteilung gekommen ist. Klar, wenn neue Ziele gesetzt werden, bringt das auch Veränderungen mit sich. Das ist schon eine Herausforderung, aber es ist ein gutes Gefühl, wenn sich wieder etwas bewegt.«

Die Kollegin wird enttäuscht sein. Hatte Sie doch auf Horrorgeschichten und Komik-Tragödien gehofft, die wunderbaren Stoff für firmeninternen Klatsch und Tratsch geliefert hätten. Aus Ihrer Antwort lässt sich jedoch kaum ein Skandal konstruieren. Gut für Sie! Und Glückwunsch zu Ihrer Weitsicht!

Es gibt keinen Grund, paranoid zu werden und hinter jeder Frage aus dem Kollegenkreis gleich eine Verschwörung zu vermuten. Aber wie gesagt: Mit Small Talks werden natürlich häufig genug auch ganz bestimmte Ziele verfolgt und erreicht. Kommunikationsprofis verlieren niemals die Kontrolle über diese Ziele und fragen sich auch immer wieder, was hinter einer Frage steckt.

Der Start in die Woche

Wieder einmal ist es Montag, und pünktlich um Neun treffen die Angestellten mehr oder weniger gut gelaunt im Büro ein. Schauen wir uns ein Team von acht Sachbearbeitern in einem Versicherungsunternehmen genauer an. Zwei Mitarbeiterinnen, Frau Auler und Frau Bach, interessieren uns besonders.

Frau Bach betritt das Großraumbüro, sagt freundlich »Guten Morgen«, schaltet ihren Computer ein und bearbeitet eine Minute später schon die ersten Fälle. Frau Auler steht fünf Meter weiter mit den anderen Kollegen an der Kaffeemaschine. Sie ist noch ganz aufgekratzt vom Wochenende. Gerade erzählt sie den anderen, dass sie am Sonntag bei dem wunderbaren Wetter mit Ihrem Freund an der Ostsee war und dabei einen schönen Strand mit nettem Café in der Nähe entdeckt hat. Die Kollegen hören interessiert zu und berichten ihrerseits, was sie am Wochenende unternommen haben.

Dieser Small Talk erleichtert allen den Start in die Woche. Es wird viel gelacht, und Frau Bach guckt schon leicht genervt, denn bei dem Lärm kann sie sich nur schwer auf ihre Arbeit konzentrieren. An dem Getratsche – wie sie es nennen würde – nimmt sie schon aus Prinzip nicht teil. Zum einen ist ihr die Freizeitgestaltung ihrer Kollegen ziemlich egal, zum anderen hat sie keine Lust, über ihr eigenes Wochenende zu sprechen. Frau Bach mag es nicht, wenn man die Nase in ihr Privatleben steckt. Außerdem hat sie den Eindruck, dass sie die meiste Arbeit erledigt, während die anderen rumtrödeln.

Als Frau Auler ankündigt, sie werde noch schnell in den Eckladen flitzen, um Kaffeemilch zu besorgen, hat Frau Bach schon eine Viertelstunde an ihrem Computer gesessen. An dieser Arbeitsverteilung wird sich auch im Laufe des Tages kaum etwas ändern. Würde man abends die erledigten Aufträge vergleichen, hätte Frau Bach wesentlich mehr geschafft.

Kollegin Auler rennt nicht nur los, um Milch zu holen, sie findet auch sonst viele gute Gründe, sich von ihrem Schreibtisch zu entfernen. Da müssen die Büropflanzen gegossen werden, und fünf Minuten später fällt ihr ein, dass Frau Kaiser aus der Nachbarabteilung vermutlich aus dem Urlaub zurück ist. Schon klemmt sie sich einen Aktenordner unter den Arm und verabschiedet sich mit den Worten: »Ich bring das mal kurz rüber«. Auch im Büro nebenan gibt es großartige Gelegenheiten zum Small Talk, sodass Frau Auler erst nach 20 Minuten an ihren Arbeitsplatz zurückkehrt.

Kommen wir aber nun endlich zum Kern der Geschichte. Was glauben Sie wohl, wer von der Abteilungsleiterin beim alljährlichen Mitarbeitergespräch besser beurteilt wird? Das Arbeitstier Bach, das ungefähr zweimal mehr schafft, oder das Kommunikationswunder Auler, das Kollegen nur verständnisvoll anschauen muss, und schon werden ihr ganze Lebensgeschichten erzählt?

Wenn Sie auf Frau Auler tippen, liegen Sie vollkommen richtig. Fazit: Als geschickter Small Talker bringen Sie es auch in der Arbeitswelt wesentlich weiter. Dass Sie deshalb keine Leistung mehr erbringen müssen, ist natürlich nicht zutreffend, aber soziale Kompetenz bringt Sie in jedem Fall eher voran als verbissenes Herumgehacke auf der Computertastatur.

Gegenseitige Rücksichtnahme beim Small Talk

»Schön, dass Sie wieder da sind, Frau Müseler. Geht es Ihrem Sohn denn wieder besser?« Kollegin Schmidt weiß, was sich gehört. Natürlich erkundigt sie sich bei Frau Müseler, ob ihr Kind wieder gesund sei. Als Antwort erwartet sie so etwas wie: »Nett, dass Sie fragen, Frau Schmidt. Ja, Matthias ist wieder richtig fit, sodass er heute schon wieder in den Kindergarten gehen konnte. Aber wie ist es Ihnen hier in den letzten 14 Tagen denn ergangen? Vermutlich hatten Sie sehr viel Stress dadurch, dass Sie hier in der Abteilung allein waren.«

Doch Frau Müseler ist in ihrem Redeschwall gar nicht zu stoppen. Da sie sich allein um ihren erkrankten Sohn kümmern musste, konnte sie in den vergangenen zwei Wochen die Wohnung kaum verlassen und hatte entsprechend wenig Gelegenheit, sich die Probleme von der Seele zu reden. Das holt sie nun ausgiebig nach. Nicht, dass es ihre Kollegin wirklich interessieren würde, aber jetzt erfährt sie alles über Ärzte, die fünf Stunden später eintrafen als angekündigt, Freundinnen, die dann doch lieber ins Kino gingen als zwischendurch mal ein paar Stunden auf Matthias aufzupassen, Medizin, die immer teurer wird, Nachbarn, die ohrenbetäubenden Lärm machen, und über die Spülmaschine, deren Reparatur ein Vermögen kostet.

Wenn nicht zwischendurch das Telefon im Büro geklingelt hätte, würde Frau Müseler wahrscheinlich heute noch auf ihre Kollegin einreden. Ein gutes Beispiel dafür, dass gegenseitige Rücksichtnahme zum Small Talk gehört. Wenn die beiden Frauen die spezielle Situation der anderen mitbedenken würden, könnten sie zumindest teilweise verstehen, weshalb die andere so reagiert, wie sie reagiert.

Beim Small Talk spielt immer auch das soziale Umfeld unseres Gesprächspartners eine Rolle. Ist er glücklich verheiratet, hat drei Kinder und einen großen Bekanntenkreis, dann werden sich für ihn täglich dutzende Gelegenheiten ergeben, in denen er sich mit anderen austauschen kann. Lebt Ihre Kollegin jedoch allein und ist außerdem nicht gerade ein großes Kommunikationstalent, dann wird sie sich freuen, zwischendurch einmal »Schutt abladen« zu können. In diesem Fall zeigen Sie Einfühlungsvermögen, wenn Sie sich auch einmal fünf Minuten einen Bericht anhören, den Sie unter normalen Umständen nach 15 Sekunden abrupt abbrechen würden, weil es Sie natürlich überhaupt nicht interessiert, was der Handwerker zur Spülmaschine Ihrer Kollegin gesagt hat. Dass es Ihre Kollegin umgekehrt lernen sollte, andere nicht mit Einzelheiten zu langweilen, ist eine andere Geschichte.

Small Talk auf dem Seminar

Die Teilnahme an einem Seminar ist meistens eine willkommene Abwechslung vom Berufsalltag. Natürlich findet die Veranstaltung nicht für Sie allein statt. Wer kommt also noch? Vielleicht ein paar Ihrer Kollegen? Wenn die Tagung außerbetrieblich stattfindet, treffen Sie dort vor allem auf Mitarbeiter anderer Unternehmen. Natürlich lernen Sie darüber hinaus die Dozenten kennen.

Angenommen, Thema des Workshops ist »EDV-Einsatz im Betrieb: Chancen und Gefahren«, und das Ganze wird von der Gewerkschaft veranstaltet. Sie sind Betriebsratsmitglied und nutzen Ihren Bildungsurlaub, um sich gründlich über Computer in der Arbeitswelt zu informieren. Die Auswirkungen auf die Arbeitsabläufe im eigenen Betrieb kennen Sie nur zu gut. Dieses Seminar bietet Ihnen nun die Chance, von den Erfahrungen der Mitarbeiter anderer Unternehmen zu profitieren.

Meistens geht es bei Small Talks natürlich um sehr allgemeine Themen. Schließlich will man vor allem seine Gesprächspartner kennen lernen. Aber solche einmaligen Gelegenheiten wie Seminare sollte man nutzen, um auch über Fachliches zu sprechen. Wenn man dann in der Pause mit einem Becher Kaffee in der Hand im Foyer steht, bedankt man sich sicherlich bei der Dozentin für den interessanten Vortrag und fragt sie vielleicht auch nach vertiefender Literatur. Vor allem aber haben Sie in dieser Kaffeepause die Möglichkeit, sich mit anderen Seminarteilnehmern auszutauschen: »Mit welchen Programmen wird bei Ihnen gearbeitet? Empfinden Sie die neue Anlage als Arbeitserleichterung oder zusätzlichen Stressfaktor?«

Natürlich sollte man bei solchen Gesprächen darauf achten, dass das Ganze nicht zu sehr ins Fachliche und insbesondere nicht ins Langatmige abdriftet. Schließlich ist Pause. Da will man auch mal lachen. Selbst wenn abstürzende Computer manchmal ganz schön an den Nerven zehren – irgendwelche lustigen Zwischenfälle wird es auch gegeben haben, als die neue EDV-Anlage installiert wurde. Erzählen Sie doch einfach, wie Sie und Ihre Kollegen stundenlang versuchten, die italienische Gebrauchsanweisung zu übersetzen, als Sie den Drucker installieren wollten. Heute können Sie darüber lachen, damals war das gar nicht komisch, weil Sie dringend Briefe ausdrucken mussten.

Small Talk mit Geschäftspartnern

Das Geschäftsessen

Der Begriff »Geschäftsessen« klingt immer ein bisschen so, als würden zwischen zwei Löffeln Tomatensuppe die wichtigsten Verträge abgeschlossen. Dabei wird man genau dies möglichst vermeiden. Beim Geschäftsessen geht es vor allem darum, die Geschäftspartner in eine gute Stimmung zu versetzen. Denn wenn auch meistens während des Essens nicht über Preise und Konditionen gesprochen wird: Später am Konferenztisch sind diese Themen besonders relevant. Und dann lassen sich vermutlich bessere Ergebnisse erzielen, wenn man sich bei einem guten Essen von seiner sympathischen Seite präsentieren konnte.

Geben Sie also Ihrem Geschäftsfreund die Chance, von sich zu erzählen. Sie zeigen ihm damit, wie wichtig Ihnen sein Wohlergehen ist. Was liegt näher, als ihn zu fragen, wie die Anreise verlaufen ist, ob es ihm in der Stadt gefällt, ob er die Museen schon kennt. Plant er einen Theaterbesuch? War er schon mal im Sommer in der Region? Ist er mit seinem Hotel zufrieden? Wohin fährt er am liebsten, wenn er nicht geschäftlich unterwegs ist?

Stellen wir uns eine konkrete Situation vor: Zwei Mitarbeiter eines Software-Unternehmens haben Ihre Kollegin und Sie zum Mittagessen in ein chinesisches Restaurant eingeladen. Nachmittags wird man in Ihrem Büro über das neue Buchführungsprogramm für Ihre Firma sprechen, aber hier im Lokal ist erst einmal Small Talk angesagt. Verschiedene Themen hat man schon angesprochen, nun geht es gerade um Urlaubsreisen. Herr Schulthe von der Computerfirma berichtet voller Stolz, wie er letztes Jahr in Mexiko zum ersten Mal Bungee gesprungen ist: »Da steh' ich also oben auf dem Turm und ...« – »So, die Herrschaften, hier haben wir Rindfleisch Chop-Suey, Schweinefleisch

Siang-Shu-Rou, King-Long-Ente und Lu-Han-Zhai. Wem darf ich was geben? Möchten Sie noch etwas trinken? Dann wünsche ich guten Appetit!«

Was glauben Sie wohl, wie Herr Schulthe sich nun fühlt? Gerade schildert er seine größte Heldentat, als der chinesische Kellner ihn mitten im Satz unterbricht. Theoretisch könnte er, nachdem jeder seinen Teller bekommen hat, dort fortfahren, wo er gestört worden ist. Das tut er aber nicht. Vielleicht hat er vergessen, wo er gerade stehen geblieben war. Möglicherweise glaubt er aber auch, dass Sie sich nun doch eher für Ihre gebratene Ente als für mexikanischen Freizeitsport interessieren. Wie auch immer, die Pointe wurde Herrn Schulthe jedenfalls gründlich verdorben, und das merken Sie ihm an.

Als Small-Talk-Profi können Sie die Situation sehr leicht wieder ins Lot bringen. Helfen Sie Herrn Schulthe, den Faden wieder aufzunehmen. Als gewissenhafter Zuhörer erinnern Sie sich, worüber der andere gerade sprach, als das Essen kam. Zeigen Sie Ihrem Gesprächspartner, dass Sie die ganze Geschichte hören wollen. Sagen Sie also ganz einfach: »Herr Schulthe, Sie berichteten gerade, dass Sie oben auf dem Bungee-Turm standen. Da hat man schon weiche Knie, oder? Wie war das denn genau?«

Was wir hier gerade beschrieben haben, ist auch eine wichtige Small-Talk-Strategie. Mit dieser kleinen Geste zeigen Sie zum einen, dass Sie wirklich zuhören, wenn der andere etwas erzählt. Zum anderen retten Sie die Situation. Niemand mag es, mitten in seiner Geschichte unterbrochen zu werden. Falls es trotzdem vorkommt, freut sich jeder, wenn die Zuhörer auch die Fortsetzung hören wollen. Weil dies aber selten genug geschieht, wird man Ihnen für Ihre Hilfestellung dankbar sein.

Es gibt andere Perspektiven als die eigene

Ihr Gesprächspartner ist zum ersten Mal in Ihrer Heimatstadt. Gleich wollen Sie mit ihm Geschäftliches besprechen, aber zunächst möchten Sie das Eis brechen, also für eine entspannte Gesprächsatmosphäre sorgen. Was liegt da näher, als zu sagen: »Herzlich willkommen in

Berlin, Herr Huber. Ich hoffe, Sie fühlen sich wohl in unserer Stadt. Sicherlich haben Sie sich schon das eine oder andere anschauen können.«

Herr Huber nimmt dieses Angebot zum Small Talk gern an: »Oh, vielen Dank für Ihre freundliche Begrüßung. Sie haben natürlich recht, dass ich sehr neugierig auf Berlin war. Schließlich wird auch bei uns in Bayern viel über Europas größte Baustelle gesprochen. Die will man dann natürlich auch mit eigenen Augen sehen. Heute Mittag war ich gerade in der neuen Einkaufspassage am Potsdamer Platz.«

Dieses Stichwort kommt Ihnen sehr gelegen. Natürlich waren Sie selbst schon einmal dort und haben Ihre ganz persönliche Meinung zu diesem neuen Stadtteil. Und endlich treffen Sie jemanden, den Sie mit Ihrem Standpunkt beglücken können: »Nun, da sind wir uns ja sicherlich einig, was den Potsdamer Platz und diese Passage angeht. Das ist alles wie aus der Retorte. Keine Atmosphäre, kein Leben. Die Straßen so eng, dass man Platzangst bekommt, die Architektur so austauschbar, dass man gar nicht weiß, ob man nun in Tokio oder Chicago ist. Und dann dieses Einkaufszentrum: Kein einziger interessanter Laden, die Restaurants mit ihren überteuerten Fast-Food-Angeboten, und dann dieses Publikum ... Ich war einmal da, und das hat gereicht. Da ist mir doch der Ku'damm mit seinen Nebenstraßen entschieden lieber. Die Gegend ist über die Jahrzehnte gewachsen, da ist nichts Künstliches.«

Nun merken Sie, dass Sie viel zu lange geredet haben. Da fällt Ihnen zum Glück ein, dass Ihr Geschäftsfreund vielleicht auch mal wieder etwas sagen möchte. Also leiten Sie über: »Aber wie hat es Ihnen denn gefallen, Herr Huber?«

Der wiederum schaut Sie etwas konsterniert an: »Ach wissen Sie, ich fand es großartig dort. Die Gebäude sind größtenteils beeindruckend und das Mittagessen im Einkaufszentrum mit all den interessanten Menschen um mich herum habe ich sehr genossen. In den nächsten Monaten werde ich sicherlich noch einmal mit meiner Frau zum Potsdamer Platz kommen. Da gibt es ja auch dieses elegante neue Hotel. Aber lassen Sie uns jetzt über das Geschäftliche reden.«

Es erübrigt sich, zu sagen, dass die folgende Verhandlung unter keinem guten Stern stehen wird. Was ursprünglich als sympathiefördernde Aufwärmphase gedacht war, bewirkte genau das Gegenteil. Herr Huber hat Sie bereits als Gesprächspartner erlebt, der sich in erster Linie für sein eigenes Genörgel interessiert. Es wäre wesentlich geschickter gewesen, sich zunächst einmal Herrn Hubers Eindrücke in Ruhe anzuhören. Anschließend hätten Sie auf seine Äußerungen eingehen können. Natürlich müssen Sie seine Meinung nicht teilen, nur kann man das auch in weniger drastische Worte packen: »Ah, das ist interessant, all die Veränderungen in unserer Stadt aus der Besucherperspektive zu betrachten. Für mich als Berliner ist manches, was dort am Potsdamer Platz entstanden ist, noch recht fremd. Ich glaube, ich sollte mir bald die Zeit für einen Spaziergang durch dieses neue Viertel nehmen, denn bisher habe ich mich dort nicht so recht heimisch fühlen können.«

Lästern Sie nicht über das Unternehmen, für das Sie arbeiten

Arbeitgeber sind beliebte Small-Talk-Themen. Wenn Sie zum Beispiel an einem Kongress teilnehmen, wird es die Dame neben Ihnen garantiert interessieren, für welches Unternehmen Sie arbeiten. Besonders wenn Sie in einer größeren Firma tätig sind, hat sie von Ihrem Betrieb schon gehört. Vielleicht überschlagen sich die Medien auch gerade mit Berichten über Schwierigkeiten oder Umstrukturierungen in Ihrer Organisation. Ihrer Sitznachbarin wird das nicht entgangen sein. Vielleicht fragt sie auch: »Ach, für XY arbeiten Sie. Da hört man ja so einiges. Für Sie ist die Situation im Moment bestimmt auch nicht ganz einfach, oder?«

Richtig, es hat schon entspanntere Perioden in Ihrem Arbeitsleben gegeben als die letzten Monate. Wenn Sie ehrlich sind, fällt Ihnen wenig Positives zu den Leuten ein, die die Veränderungen Ihrer Arbeitssituation zu verantworten haben. Eine Sekunde lang freuen Sie sich über die Gelegenheit, Ihrem Ärger endlich einmal Luft machen zu können. Aber bevor Sie auch nur den Mund aufmachen, vergessen Sie dieses Bedürfnis am besten wieder ganz schnell. Lieber sollten Sie sich die Zunge abbeißen, als in der Öffentlichkeit schlecht über Ihren Arbeitgeber zu sprechen. Zum einen sind Sie ihm zu Loyalität verpflichtet, zum anderen stehen Sie am Ende selbst ziemlich dumm da. Denn man wird Sie entweder fragen, oder es zumindest doch denken: »Wenn es in dem Unternehmen wirklich so schlimm zugeht, was machen Sie dann noch dort?«

Lange Rede, kurzer Sinn: Wenn es um Ihren Arbeitgeber geht, gilt für die Darstellung dieselbe Regel wie für Sie selbst: Man ist optimistisch und arbeitet auf weitere Erfolge hin.

Small Talk vor dem Vorstellungsgespräch

Glückwunsch, Sie sind zum Vorstellungsgespräch eingeladen. Bestimmt haben Sie sich gut vorbereitet. Mit Fragen wie: »Was wissen Sie denn über unser Unternehmen?« oder »Erzählen Sie uns doch bitte, weshalb wir gerade Sie einstellen sollen!« wird man Sie nicht aus dem Konzept bringen können.

Der Termin ist für 15 Uhr angesetzt. Nun stehen Sie um fünf vor Drei vor der Empfangsdame: »Guten Tag, ich bin Heiko Richter. Ich habe um Drei ein Gespräch mit Frau Büchner.« – »Guten Tag, Herr Richter. Frau Büchner bat mich, Ihnen mitzuteilen, dass sie eine Viertelstunde später eintreffen wird. Möchten Sie so lange warten oder haben Sie in der Zwischenzeit noch etwas in der Nähe zu erledigen?«

Der Teufel müsste Sie reiten, wenn Sie in dieser Situation antworten: »Oh, ich glaube, dann gehe ich bei dem schönen Wetter so lange spazieren.« Sie outen sich als Einsiedler, wenn Sie lieber dreimal um den Block marschieren, als mit der Dame vom Empfang zu plaudern. Wenn Sie sich also fürs Bleiben entscheiden, wird man Ihnen vermutlich als Nächstes einen Kaffee anbieten, den Sie dankend annehmen. Aber worüber sprechen Sie nun?

Falls der Empfang nicht gerade im Keller liegt, können Sie die schöne Aussicht bewundern: »Ich beneide Sie um den tollen Spreeblick. Wie geht Ihnen das? Freuen Sie sich noch über diesen genialen Standort oder findet man das irgendwann ganz normal?« Oder: »Aber das wirkt hier alles noch ganz neu! Sieht aus, als sei dieses Bürogebäude gerade erst eröffnet worden. Ist das richtig?«

Nun haben Sie Ihrer Gesprächspartnerin mehr als genug Small-Talk-Anknüpfungspunkte geliefert. Fühlen Sie sich nicht verpflichtet, die Sekretärin pausenlos zu unterhalten, denn sie wird auch einiges Andere zu erledigen haben. Falls Sie sich also zwischenzeitlich in der Sitzecke niedergelassen haben und die Empfangssekretärin freundlich zu Ihnen herüberlächelt, können Sie noch eine weitere Bemerkung machen wie: »Der Kaffee schmeckt übrigens ausgezeichnet! Vielen Dank!« Und während Sie nun eine knappe halbe Stunde in der Eingangshalle sitzen, zieht vermutlich ein Großteil der Belegschaft an Ihnen vorbei. Auch ein sehr wichtiger Aspekt, denn schließlich gewinnen Sie einen ersten Eindruck von Ihren potentiellen zukünftigen Kollegen.

Irgendwann öffnet sich dann auch die Fahrstuhltür und die Personalchefin Frau Büchner tritt heraus. Sie wird Sie um Verständnis für die Verspätung bitten und Sie zu ihrem Büro führen. Und wieder ist Small Talk angesagt. Zwar gibt es ein paar Personalverantwortliche, die Bewerber gleich zu Beginn mit Äußerungen wie »Gut, fangen wir gleich an. Was wollen Sie von mir wissen?« überraschen. Die Regel ist allerdings ein »sanfter« Einstieg. »Willkommen in Berlin, Herr Richter! Ich hoffe, Sie hatten einen guten Flug. Wobei man bei den Pilotenstreiks in letzter Zeit gar nicht so sicher sein kann, dass man sein Ziel noch am selben Tag erreicht! Ich weiß aus Ihren Bewerbungsunterlagen, dass Sie zurzeit im wunderschönen München leben. Und da erwägen Sie allen Ernstes einen Umzug ins hektische Berlin?«

Da Sie selbstverständlich nicht nur von sich erzählen, gehen Sie am besten zunächst auf Frau Büchners Anspielung auf die bayerische Hauptstadt ein. »Oh, ich entnehme Ihrer Frage, dass Sie München kennen. Sind Sie häufig dort?« Nun wird Frau Büchner kurz die Bayerische Staatsoper loben, und Sie nutzen im Gegenzug die Gelegenheit, Ihre Neugier auf das pulsierende Berlin zu betonen. Zwei oder drei Sätze müssen jeweils reichen, denn dieser Small Talk vor dem eigentlichen Bewerbungsgespräch soll Ihnen im Wesentlichen helfen, die erste Nervosität abzulegen. Allzu lang darf diese Plauderei also nicht dauern. Natürlich möchte man auch Ihr Kommunikationstalent testen, aber anschließend interessiert dann doch, was Sie sonst noch Konkretes zum Unternehmenserfolg beitragen wollen.

Small Talk im Assessment Center

Führungskräfte, aber auch Hochschulabsolventen, Angestellte, die aufsteigen wollen, mitunter sogar angehende Azubis haben immer häufiger das zweifelhafte Vergnügen, ein Assessment-Center (AC) absolvieren zu dürfen. Worum handelt es sich dabei?

Laut Definition ist das AC ein systematisches Verfahren zur qualifizierten Feststellung von Verhaltensleistungen bzw. Verhaltensdefiziten, das von mehreren Beobachtern gleichzeitig für mehrere Teilnehmer in Bezug auf vorher definierte Anforderungen angewandt wird.

Wir möchten es lieber etwas salopper formulieren: Für uns ist das AC eine bunte Mischung aus subtilen Psychotests zur Personalauslese, eine spezielle Art von Personalauswahl-Prüfungen.

Ein AC kann von mehreren Stunden über einen halben bis zu einigen Tagen dauern, meist sind es zwei Tage. Über diesen Zeitraum beobachtet Sie eine Prüfungskommission, die am Ende den Daumen nach oben oder unten richtet.

Was immer Sie als AC-Kandidat vorzutragen und zu leisten haben – es wird versucht, die Kandidaten, die Mitbewerber untereinander zu vergleichen, um möglichst auch hinter die Fassade zu schauen. Diese Auswahlverfahren sollen Aufschluss über Kompetenz, Leistungsmotivation und Persönlichkeit der Teilnehmer geben.

An Ihrer Kompetenz wird man den wenigsten Zweifel haben, sonst hätte man Sie nicht zu diesem für den Arbeitgeber teuren Auswahlverfahren eingeladen. In erster Linie will man herausfinden, was für ein Mensch Sie sind. Die Personalchefs interessiert, ob man mit Ihnen gern den ganzen Tag und länger zusammenarbeiten könnte. Es wird geprüft, wie Sie mit anderen umgehen, wie Sie auf andere wirken. Und damit sind wir bereits bei unserem Small-Talk-Thema.

Zunächst geht es um den berühmt-berüchtigten ersten Eindruck, durch den bei bisher einander unbekannten Gesprächspartnern die Weichen in Richtung einer positiven oder negativen Gefühlsreaktion gestellt werden. Das trifft sowohl auf die Beziehung Auswähler/Auszuwählender zu, wie auch auf die Gruppensituation unter den Kandidaten. Spezielle AC-Aufgaben beziehen sich sogar ganz konkret auf dieses Sympathiethema (»Wem aus der Gruppe würden Sie am ehesten ein gebrauchtes Auto abkaufen?«).

Im AC ist deshalb auch Ihr schauspielerisches Talent ganz entscheidend gefragt, d.h., es geht nicht oder nur sehr begrenzt darum, was Sie können, sondern vor allem darum, wie Sie sich und Ihre Fähigkeiten darstellen. Und das hat viel mit Small Talk zu tun.

Um einen Eindruck von der sozialen Kompetenz und vor allem der Kommunikationsfähigkeit der Kandidaten zu bekommen, werden diese durch zahlreiche Aufgaben »geschleust«. Die AC-Konstrukteure nennen das gern Arbeitsproben oder Übungen. Doch so harmlos klingende Bezeichnungen können nicht darüber hinwegtäuschen, dass es sich um knallharte Prüfungen handelt. Dabei wird man mit folgenden Aufgabentypen konfrontiert:

- verschiedene Arten von Gruppendiskussionen,
- Vortrags- und Präsentationsübungen,
- diverse Stehgreif-Rollenspiele,
- das Interview und seine Varianten,
- schriftliche Persönlichkeits-, Intelligenz-, Leistungs- und Konzentrationstests.

Die zehn wichtigsten Verhaltensregeln für das AC-Interview verdeutlichen, wie wichtig die allgemeinen Small-Talk-Regeln auch hier sind:

1. Hören Sie aufmerksam, konzentriert-zugewandt zu.
2. Halten Sie angemessenen Blickkontakt.
3. Beobachten Sie genau (ohne zu mustern).
4. Überlegen Sie, bevor Sie antworten, nehmen Sie sich die Zeit.
5. Scheuen Sie sich nicht nachzufragen.
6. Reden Sie lieber etwas weniger als zuviel.

7 Lassen Sie Ihren Gesprächspartner (aus-)reden.
8. Warten Sie ab, stehen Sie auch mal eine kleine Gesprächspause durch.
9. Seien Sie lieber etwas mehr zurückhaltend als zu wenig.
10. Bleiben Sie sachlich, ruhig, geduldig und gelassen.

Ob in den Pausen, auf der gemeinsamen Fahrt in das wunderschön gelegene Aus- und Fortbildungszentrum, auf der Toilette beim Händewaschen – was immer Sie zwischen dem ersten und dem letzten Kontakt während der AC-Veranstaltung sagen: Es kann in die Gesamtbeurteilung Ihrer AC-Leistung einfließen. Das heißt: Sie werden auch in den Pausen und sogar noch nach der Verabschiedung beobachtet.

Wie ist Ihr Kommunikationsverhalten? Vielleicht ganz anders als in den AC-Übungen? Sind Sie jemand, der auf andere zugeht? Verstehen Sie die Kunst des Small Talks, oder gelingt es Ihnen nicht, hier und da ein wenig unverfänglich zu plaudern? Wer eine Führungsposition anstrebt, dem darf es nicht wahnsinnig schwer fallen, Kontakte zu knüpfen, sich mit Fremden zu unterhalten. Besonders in Berufen, die sehr kundenorientiert sind, wird diese Fähigkeit hoch bewertet. Sie sollen natürlich nicht ohne Punkt und Komma reden. Dennoch macht es sich selbstverständlich gut, wenn Sie derjenige sind, dem es gelingt, peinliche Gesprächspausen durch entsprechende Themen und Fragen zu überbrücken.

Auch bei einer Einladung zum Essen – ob in ein edles Restaurant oder in die Kantine – stehen Sie auf dem Prüfstand. Bisweilen werden die AC-Kandidaten sogar explizit aufgefordert, sich mit den Beobachtern am Tisch zusammenzusetzen. Und wenn angeblich alles vorüber ist und man noch schnell auf ein Glas Bier oder Wein zusammenkommt und schon wieder aufgefordert wird, zu kommunizieren und zu bewerten, dann drängt sich der Gedanke auf, ein AC würde niemals enden. Und leider gibt es viele Fettnäpfchen, in die man bei einem solch »ungezwungenen« Beisammensein tappen kann. Deshalb aufgepasst!

Small Talk am Telefon

Natürlich denkt man beim Small Talk zunächst an persönliche Begegnungen, aber auch am Telefon werden Sie ihr Kommunikationsziel kaum erreichen, wenn Sie gleich mit der Tür ins Haus fallen und sofort Ihr Anliegen vorbringen. Was genau wir damit meinen, zeigt das folgende Beispiel.

Angenommen, Sie waren vor einem Jahr von der E-Business-Idee so fasziniert, dass Sie Ihre eigene Internetfirma gegründet haben. Sie verkaufen also Pop-CDs übers Netz. Leider hatten auch andere diesen Einfall. Deshalb bieten Sie einen besonderen Service: Täglich berichten Sie aktuell von Popkonzerten rund um den Globus, und das nicht nur auf Deutsch, sondern auch in englischer und spanischer Sprache. Sie selbst fühlen sich eher fürs Strategische und Technische zuständig. Texten finden Sie langweilig, Englisch haben Sie lediglich in der Schule gelernt und Ihre Spanischkenntnisse sind minimal. Aus diesem Grunde betreiben Sie die Firma nicht allein, sondern mit Ihrem Freund Armin, der sprachbegabt ist und flüssig formuliert.

Nachdem Sie nun beide in den letzten Monaten beinahe rund um die Uhr für den Erfolg Ihres Unternehmens gekämpft haben, überlegt sich Ihr Kompagnon spontan, dass er mal abschalten muss und deshalb für vier Wochen nach Patagonien reisen wird. Wer schreibt nun in der Zeit die Texte für Ihre Website? Allzu viele Ihrer Bekannten kommen da nicht in Frage, denn nicht jeder hat Geschick zum Texten; nur wenige haben Lust und Zeit, sieben Tage in der Woche pünktlich Beiträge abzuliefern, und kaum jemand wird das alles gegen eine geringe Bezahlung tun wollen. Aber zum Glück fällt Ihnen Matthias ein, der als Redakteur bei einer Tageszeitung arbeitet.

Die besten Ideen hat man manchmal zu den unmöglichsten Zeiten, und so greifen Sie abends, 23 Uhr zum Telefonhörer: »Hi, Matthias, hier ist Rüdiger. Gut, dass ich Dich erreiche, Du musst mir unbedingt helfen. Du weißt doch, dass ich diese Internetfirma gegründet habe. Nun fällt mein Geschäftspartner Armin für einen Monat aus. Ob Du in der Zeit ein paar Texte für mich schreiben könntest?«

Was glauben Sie? Wird Matthias dem Vorschlag begeistert zustimmen? Wohl kaum. Bei diesem Telefongespräch lief einiges falsch. Im Folgenden gehen wir genauer auf die einzelnen Ausrutscher ein.

Wann man »stören« darf

Enge Freunde und Familienangehörige kann man in Ausnahmefällen auch nachts anrufen, aber für alle anderen Telefonkontakte gelten feste »Sprechstunden«. Welche das genau sind, darüber streiten sich die Gelehrten. Der eine empfiehlt, morgens nicht vor neun Uhr zu telefonieren; wir denken, man kann durchaus auch bis zehn Uhr warten. Die eine greift abends nach 20 Uhr nicht mehr zum Hörer; die andere meldet sich kurz vor 21 Uhr, wobei das sicherlich noch akzeptabel ist. Nur später sollte es nicht werden. Wer fragt schon gern »Oh, habe ich Sie geweckt?« Besonders Rücksichtsvolle halten darüber hinaus noch eine Mittagspause von 12 bis 15 Uhr ein.

»Haben Sie ein paar Minuten Zeit für mich?«

Aber auch zu einer akzeptablen Telefonzeit sollte man sich in jedem Fall zunächst erkundigen, ob man einen günstigen Moment erwischt hat. Leute, die Sie näher kennen, dürfen Sie durchaus fragen: »Hier ist Gudrun. Störe ich gerade?«

Wenn Sie beruflich telefonieren, dann klingt »stören« zu negativ. In solchen Situationen sagen Sie lieber: »Guten Abend, Frau Kaufmann. Hier spricht Axel Däumler. Haben Sie ein paar Minuten Zeit für mich, oder soll ich mich lieber später oder besser morgen Vormittag noch einmal bei Ihnen melden?«

Gleichgültig, wann und wen man anruft: Auf die Frage nach dem günstigen Augenblick sollten Sie nie verzichten. Wenn der andere nach dem neunten Klingelton abgehetzt ans Telefon gestürzt kommt, erübrigt sich diese Frage natürlich. Aber nicht immer ist die Situation so eindeutig. Vielleicht hat der Angerufene gerade Besuch oder auf dem Herd kocht die Suppe über. Das hören Sie nicht unbedingt sofort, wenn der Hörer abgenommen wird.

Nachrichten auf dem Anrufbeantworter hinterlassen

Sie kennen das aus eigener Erfahrung: Häufig genug läuft am anderen Ende der Anrufbeantworter. Den müssen Sie zwar nicht fragen, ob Sie ihn gerade stören, aber wenn Sie eine Nachricht hinterlassen wollen, sollten Sie sich auch hier genau überlegen, was Sie sagen. Natürlich nennen Sie Ihren Namen und den Grund Ihres Anrufs. Am besten kündigen Sie auch an, sich später noch einmal zu melden. Auf diese Weise ersparen Sie sich die Frustration, tagelang vergeblich auf einen Rückruf zu warten.

Ob Sie darüber hinaus noch ausführlicher auf Ihr Anliegen eingehen, ist Geschmacks- und Übungssache. Der Kommunikationsprofi nutzt die Vorteile des Anrufbeantworters und ruft ganz bewusst dann an, wenn die Zielperson garantiert nicht ans Telefon gehen wird. In dem Fall kann er Nachrichten hinterlassen, über die der andere ruhig schon einmal nachdenken kann, bevor man direkt miteinander spricht. Es versteht sich von selbst, dass solche Botschaften möglichst positiv klingen sollten: Gute Laune auch per Anrufbeantworter!

Eines sollten Sie beim Nachrichten-Hinterlassen immer bedenken: Der Anrufbeantworter mag Ihrem Kollegen Markus gehören, aber Sie können unmöglich wissen, wer abends die eingegangenen Nachrichten abhört. Mitteilungen wie: »Hallo, Markus, hier ist Beate. Schade, dass Du nicht zu Hause bist. Ich rufe noch mal wegen Sonntagmittag an. Ich werde nun doch zum Brunch kommen, aber große Lust habe ich eigentlich nicht, wenn ich ehrlich bin. Deine Cousine Gabi habe ich letztes Jahr auf Deinem Geburtstag erlebt, und das war genug. Du hast mir selbst ja auch schon oft genug erzählt, dass die Plaudertasche kaum zu ertragen ist. Nun gut, bis Sonntag dann. Tschüss.«

Nun raten Sie mal, wer schon zwei Tage vor der Geburtstagsfeier aus Bremen angereist ist und jetzt neben Ihrem Kollegen steht, als dieser seine Voicemail abhört: Richtig, Cousine Gabi! Zwei Leuten verschlägt diese Nachricht auf Anhieb die Sprache, und auch Sie würden vermutlich am liebsten im Erdboden versinken, wenn Sie ahnten, was Sie da angerichtet haben. Bedenken Sie also stets diesen Unterschied zwischen direkten Gesprächen und dem Hinterlassen von Nachrichten auf dem AB. Geheimnisse und Gemeinheiten sprechen Sie also besser nicht aufs Band. Und selbst wenn Sie jemanden telefonisch erreichen, wissen Sie nicht sicher, ob er offen mit Ihnen reden kann. Nun kommt es ganz auf Ihr Thema an. Im Zweifelsfall fragen Sie Ihren Telefongesprächspartner, ob er momentan frei sprechen kann.

Der gekonnte Telefon-Einstieg

Kommen wir zurück zu Rüdiger, der seinen Freund Matthias dazu bewegen will, die nächsten vier Wochen auf seine freien Abende zu verzichten, um stattdessen dreisprachig über Madonnas Europa-Tournee zu berichten. Wenn Sie sich Rüdigers Monolog noch einmal anschauen, dann werden Sie feststellen, dass dieser vollständig auf Small Talk verzichtet und gleich zur Sache kommt: »Ich will was von dir!« Es wäre sicherlich geschickter gewesen, zunächst schrittweise eine angenehme Gesprächsatmosphäre aufzubauen.

Wie hätte die Unterhaltung anders ablaufen können? Nun, viele Wege führen nach Rom, an dieser Stelle also nur eine von unzähligen möglichen Gesprächseröffnungen: »Hallo, Matthias, hier ist Rüdiger. Hoffentlich störe ich dich nicht. Ich freue mich, dass du schon wieder zurück bist. Ganz herzlichen Dank für deine Karte aus London. Das klang ja ganz begeistert. Erzähl mal, was in Notting Hill jetzt so alles abgeht. Was gibt es denn für neue Clubs?« Wenn er Zeit hat und in der richtigen Stimmung ist, wird Matthias jetzt ausführlich von seinem Trip nach London berichten und vielleicht auch erwähnen, wie wichtig hin und wieder Tapetenwechsel ist.

Das ist Rüdigers Stichwort: »Ja, da hast du wohl recht. Du kennst doch Armin, der in unserer Internetfirma für die Texte zuständig ist. Der fliegt morgen für vier Wochen nach Argentinien, weil er zwischendurch mal abschalten will. Du hast dir sicher unsere Website schon mal angeschaut, oder? Ich sehe da eine große Chance für dich. Ich finde die Texte, die du schreibst, großartig, aber die stehen ja nur in unserer Tageszeitung. Sag mal, würde es dich nicht reizen, im World Wide Web zu erscheinen? Das brächte dich auch im Job ein gutes Stück weiter. Im Lebenslauf macht sich Interneterfahrung immer gut. Außerdem könntest du deine Sprachkenntnisse endlich mal wieder einsetzen. Ich war ja neulich echt beeindruckt, wie du dich auf der Party so locker auf Spanisch unterhalten hast, als wär das deine Muttersprache. Lange Rede, kurzer Sinn: Denk mal über mein Angebot nach und lass uns doch morgen mal ein Bier trinken gehen, dann können wir alles Weitere besprechen.«

Das nennen wir Small Talk mit klarem Kommunikationsziel. Rüdiger bittet Matthias um einen großen Gefallen und stellt das Ganze so dar, als würde er ihm eine grandiose Chance bieten. Aber jetzt kommt die schlechte Nachricht: Die ausgeklügeltsten Small-Talk-Strategien bringen Sie nicht ans Ziel, wenn der andere Sie nicht schon seit langem als zuverlässig, hilfsbereit und sympathisch erlebt hat. Kaum jemand ist dumm genug, den Plan »Ich lasse dich fünf Minuten berichten, wie es dir geht, erzähl dir anschließend, was du für ein großartiger Mensch bist und dafür hilfst du mir dann …« nicht zu durchschauen.

Freundschaften wollen über Jahre gepflegt werden und sind ein ständiges Geben und Nehmen. Wir haben das in unserem Kapitel über Networking ausführlich dargelegt. (Networking s. S. 72–79).

Darüber spricht man (nicht)

Was machen Sie beruflich?

Bei manchen Fragen scheiden sich die Geister. »Na, und was machen Sie eigentlich beruflich?« ist eine jener Fragen, die die einen entzückt und andere verärgert.

Vereinfacht dargestellt spaltet sich das Heer der Berufstätigen in zwei Gruppen: Die eine liebt ihren Beruf. Dem Job wird alles andere untergeordnet. Von morgens um acht bis nachts um elf im Büro? Kein Problem! Seit drei Jahren keinen Urlaub mehr gemacht? So what! Durcharbeiten an den Wochenenden? Macht nichts, die Kollegen sind ohnehin die besten Freunde! Fragen Sie also die Frau, der ihre Arbeit über alles geht, was sie beruflich macht, und Sie werden sie kaum stoppen können. Sie wird von vergangenen, aktuellen und zukünftigen Projekten sprechen. Sie wird davon schwärmen, wie Geschäftsideen zum Erfolg wurden, wie wichtige Kontakte zustande kamen und welche Stationen sie auf dem Weg zum heutigen Erfolg durchlaufen hat.

Auf der anderen Seite gibt es Menschen, die arbeiten, weil sie ihre Miete bezahlen, essen und sich kleiden wollen und vor allem Geld für die geliebten Freizeitaktivitäten brauchen. Für sie ist 17 Uhr der Höhepunkt des Arbeitstages, denn dann ist Feierabend. Anschließend geht es zum Tennisplatz, in die Reithalle oder mit Freunden ins Kino. Der Job ist nicht so wichtig. Wenn man Glück hat, ist die Arbeit halbwegs erträglich. Mit etwas weniger Glück geht der Beruf ganz schön auf die Nerven, aber das nimmt man in Kauf. Bald ist ja wieder Wochenende. So, und nun fragen Sie einen Anhänger dieser »Arbeitsphilosophie«, was er beruflich macht. Meinen Sie, dass er sich über diese Frage freuen wird? Wohl kaum. Viel lieber würde er über sein Hobby sprechen, denn das ist ihm wichtiger als sein Job.

Sie wissen inzwischen, dass es beim Small Talk darauf ankommt, dass der andere sich im Gespräch mit Ihnen wohl fühlt. Wenn die Frage nach dem Beruf aber mit etwa fünfzigprozentiger Sicherheit Unbehagen beim Gegenüber auslöst, handelt es sich dabei nicht um einen besonders geschickten Small-Talk-Einstieg.

Schade, dass sie bisher die Small-Talk-Frage Nummer eins war. Aber vielleicht können wir das mit diesem Buch zumindest ansatzweise ändern. Der Grundgedanke, sich für den anderen zu interessieren, ist durchaus richtig. Nur lässt sich diese Absicht in andere Worte fassen. Versuchen Sie es einmal mit: »Was steht für Sie im Mittelpunkt? Gehen Sie im Beruf auf oder haben Sie ein Hobby, das Sie nicht mehr loslässt?« Sie können auch fragen: »Würden Sie mir verraten, wie Sie Ihre Zeit verbringen?«

Überlassen Sie es Ihrem Gesprächspartner, welchen Schwerpunkt er setzen will. Falls er die Chance nutzt und seine beruflichen Erfolge in den Vordergrund stellt: großartig. Wenn er aber lieber berichtet, wie schön es am Sonntag beim Segeln auf dem Wannsee war: genauso gut. Small Talks sind keine Kreuzverhöre. Geben Sie dem anderen die Chance, sich so zu präsentieren, wie er es möchte.

Falls Sie selbst zu denjenigen gehören, die ihre Arbeit lieben und verständlicherweise stolz sind auf ihre beruflichen Erfolge, dann achten Sie unbedingt darauf, mit wem Sie sprechen und wie Ihr Gegenüber auf Ihre Ausführungen reagiert. Wer genauso erfolgsorientiert ist wie Sie, der wird Ihnen begeistert zuhören und eigene Erfahrungen beisteuern. Sollte Ihr Gesprächspartner allerdings Karriere nicht so wichtig nehmen, überfallen Sie ihn lieber nicht mit Vorträgen über Geschäftspläne und Venture Capital.

Außerdem noch ein Tipp für all diejenigen, die sich bisher in die Defensive gedrängt fühlten, wenn sie nach ihrem Beruf gefragt wurden. Vielleicht lag das unter anderem daran, dass Sie zwischen all den berühmten Anwälten, Promi-Ärzten, Top-Managern und Mega-Stars, die Ihnen auf der einen oder anderen Veranstaltung vorgestellt wurden, als Sachbearbeiter mit 37-Stunden-Woche immer das Gefühl hatten, man würde Sie nicht ernst nehmen. Unser Ratschlag: Vergessen Sie Ihre Komplexe und treten Sie denen, die ihr Licht nicht unter den Scheffel stellen, selbstbewusst gegenüber.

Überlegen Sie sich, was genau Ihnen an Ihrem Beruf gefällt. Am besten schreiben Sie fünf Punkte auf. Vielleicht fallen Ihnen Argumente ein wie finanzielle Sicherheit, geregelte Arbeitszeit, gutes Betriebsklima, Nähe zur Wohnung und gutes Verhältnis zum Arbeitgeber. Wenn Sie beim nächsten Mal dann jemand nach Ihrem Job fragt, können Sie souverän schildern, was Sie daran lieben. Wenn Sie Zufriedenheit ausstrahlen, werden beruflich Erfolgreiche Sie achten. Denn wenn Profis eines nicht mögen, dann sind das Nörgler und Langweiler. Falls Sie Ihren Beruf nicht so wichtig nehmen, wie der Manager, mit dem Sie sich gerade unterhalten, dann erzählen Sie ihm ruhig von Ihrem faszinierenden Hobby. Gut möglich, dass er sich manchmal wünscht, auch mehr Freizeit zu haben.

Woher kommen Sie?

»Na, dass Sie kein Hamburger sind, das hört man ja unschwer an Ihrem Dialekt. Woher kommen Sie denn?« Auch eine Möglichkeit, ein Small Talk zu eröffnen. Vielleicht keine besonders charmante, aber es kann ja nicht nur begnadete Plauderer geben. Berliner, Münchner, Kölner und die Bewohner anderer attraktiver Städte werden die Eingangsfrage gern beantworten. Doch manch einer, der vor Jahren dem Kleckerdorf in der tiefsten Provinz entkam, wird leicht indigniert sein, wenn er sich mal wieder als »Landei« outen soll.

Nehmen wir an, man fragt Sie ohne böse Hintergedanken und nur um des lieben Small Talks willen nach Ihrer Heimatstadt. Und so erzählen Sie dann wahrheitsgemäß, Sie stammten aus, sagen wir, Itzehoe. »Ah ja« fällt Ihrem bayerischen Gesprächspartner dazu vielleicht gerade noch ein, und wenn Sie nicht aufpassen, ist das Small-Talk-Thema Geographie und Geburtsorte genauso schnell abgehakt, wie es begonnen hatte. Erklären Sie ihm also ruhig, dass Itzehoe nordwestlich von Hamburg, in Schleswig-Holstein liegt. Erzählen Sie außerdem, was Sie an Ihrer Heimat besonders schätzen.

Wie bei jedem anderen Thema, gilt auch hier, interessante Aspekte so zu präsentieren, dass sich Brücken zu weiteren Themen schlagen lassen. Dass Karl der Große dort 810 eine Burg angelegt hat, mag unter Umständen einen Historiker interessieren, vermutlich jedoch wirklich nur den. Vielleicht haben Sie sich als Kind nachts heimlich mit ihren Freunden ins Itzehoer Freibad geschlichen. Dann können Sie Ihren Gesprächspartner bei der Gelegenheit gleich fragen, ob er auch gern Sport treibt.

Es muss sich nicht immer gleich um eine andere Stadt oder Regionen handeln, wenn sich aus der Frage »Woher kommen Sie?« ein interessanter Small Talk entwickeln soll. Obwohl es schon sehr spannend werden kann, wenn der Gesprächspartner am anderen Ende der Welt geboren wurde. In solchen Gesprächen kann man Faszinierendes über andere Kulturen erfahren: Völkerverständigung durch Small Talk. Aber nun kommt nicht gleich jeder, mit dem man sich in der Konferenzpause unterhält, von den Fidschi-Inseln. Unter Umständen stammt die Teilnehmerin, die beim Mittagessen neben Ihnen sitzt, genau wie Sie aus Berlin, Bielefeld, Bochum oder Buxtehude. In dem Fall kann man wunderbar über Vor- und Nachteile der verschiedenen Wohngegenden sprechen. »Die Dozentin erzählte mir gerade, dass sie gleich hier um die Ecke wohnt. Wie sehen Sie das? Brauchen Sie auch Kino und Kneipe in der Nachbarschaft, oder sind Sie eher der Naturfreak?« Wenn die anderen Personen am Tisch in der richtigen Small-Talk-Stimmung sind, haben Sie mit diesem Kommentar ein ergiebiges Thema angeschnitten, zu dem sich jeder äußern kann.

Woher kennen Sie den Gastgeber?

Noch eine dieser Fragen, die zum Standardrepertoire der Small Talker gehört, weil es darauf garantiert eine Antwort gibt. Genau wie jeder irgendetwas arbeitet oder sich auf andere Weise die Zeit vertreibt, steht man natürlich in irgendeiner Beziehung zum Gastgeber. In 99 Prozent aller Fälle sind das auch ganz harmlose Umstände, unter denen man sich kennen lernte. Vielleicht war man zusammen in der

Schule oder an der Uni. Möglicherweise kennt man sich aus dem Tennisclub, der Fahrschule oder man arbeitet für dasselbe Unternehmen.

Aber manchmal lernt man auch bei den unmöglichsten Anlässen neue Leute kennen. Kaum zu glauben, zu welchen Themen mittlerweile Seminare angeboten werden. Wer will, kann sich an einem Wochenende über »Schwarzgeldanlage in der Praxis« informieren und in der Woche darauf einen Kurs besuchen, der Unterstützung bei Wiedererlangung des Führerscheins nach Trunkenheit am Steuer verspricht. Alles spannende Inhalte, aber dem Finanzbeamten auf der Cocktailparty, der sich erkundigt, woher man Klaus-Uwe kennt, muss man es nicht auf die Nase binden, dass man ihn beim Seminar über Steuerhinterziehung traf. »Vortrag über Finanzplanung« klingt da doch wesentlich unverfänglicher.

Doch egal, woher man sich kennt: Es versteht sich von selbst, dass man dieses Thema nicht nutzt, um gemeinsam über eben diesen Gastgeber zu lästern.

… und weitere interessante Gesprächsthemen

Wetter

Natürlich ist das Wetter kein abendfüllendes Thema. Darüber hinaus gibt es auch größere intellektuelle Herausforderungen. Trotzdem ist ein kurzes Gespräch über das Wetter eine gute Möglichkeit, das Eis zu brechen, womit wir schon wieder beim Thema wären.

Angenommen, Sie nehmen an einem Seminar teil und draußen schüttet es wie aus Eimern. Sie treffen gerade ein und sind bis auf die Haut durchnässt. In dieser Situation ist folgende Gesprächseröffnung nicht allzu abwegig: »Oh, entweder Sie hatten Glück, dass Sie vor dem Schauer hier eintrafen, oder Sie haben alle Schirme dabei. Ich glaube, ich suche mir erst mal ein Handtuch. Können Sie mir behilflich sein …«

Das Wetter kommt als Thema im Grunde nur in Frage, wenn es entweder extreme Formen annimmt (z.B. 1,5 Meter Schnee, durch den man sich kämpfen musste, um die Veranstaltung zu erreichen) oder wenn es in direkter Verbindung zum Ereignis steht: »Wir haben ja wirklich ungeheueres Glück, dass ausgerechnet heute nach drei Wochen zum ersten Mal wieder die Sonne scheint. Bei Gartenpartys im Regen kommt ja doch keine rechte Freude auf.«

Darüber hinaus ist das Wetter höchstens zur Gesprächseröffnung geeignet. Wenn ein Gespräch ins Stocken gerät, nachdem man sich zunächst über postmodernes Theater unterhalten hatte, wird der Regenschauer, der vor drei Tagen niederging, als Lückenfüller alles andere als souverän erscheinen.

Reisen

Wenn einer eine Reise tut, dann kann er bekanntlich viel erzählen. Die Gefahr, auf Menschen zu treffen, die zu diesem Thema gar keine Meinung haben, tendiert stark gegen Null. Selbst wer – aus welchen Gründen auch immer – nicht verreist, wird sich auf die eine oder andere Weise äußern können und wollen. Entweder ist es zu Hause am schönsten, oder man gibt sein Geld für andere Dinge aus, sei es freiwillig oder gezwungenermaßen. Vielleicht ist man aber auch ganz einfach neidisch auf diejenigen, die pausenlos um die Welt jetten. Und genau hier liegt auch eine der Gefahren beim Small-Talk-Thema Reisen.

Wer sich dumm genug anstellt, gilt schnell als Aufschneider. Letzte Woche Rio, gestern Mailand, in vier Tagen New York und im Mai dann endlich eine Woche Entspannung auf Mauritius. Zwischendurch ein verlängertes Wochenende auf Rügen. Die Mutter von drei kleinen Kindern, der das gerade mehr oder weniger beiläufig geschildert wird, kümmert sich zwangsläufig zwischenzeitlich eher um Bezugsquellen für günstige Windeln als um mondäne Urlaubsziele. Nicht, dass sie nicht auch gern mal nach Mauritius führe, aber im Moment ist das einfach nicht möglich, weder zeitlich, noch finanziell, noch sonst wie. Wer dieser Frau nun haarklein erzählt, was für tolle Hotels es gibt, die zum Teil sogar weniger als 500 Mark die Nacht kosten, wird sie nicht nur langweilen, sondern vor allem einen nachhaltigen Eindruck hinterlassen: »Was für ein Hohlkopf!«

Auf den Gesprächspartner kommt es an: Wie es der Zufall will, steht auf der Party drei Meter hinter Ihnen der extrovertierte Art Director im coolen Prada-Outfit. Mit ihm lässt sich wunderbar darüber diskutieren, ob Ian Schrager und Philippe Starck mit ihren New Yorker Hotels nun beim Paramount, im Royalton oder doch für das neue Hudson die glücklichere Hand hatten.

Und die Moral von der Geschichte: Es gibt Themen, in die wir uns richtig reinsteigern können, die bei anderen aber bestenfalls Langeweile, schlimmstenfalls Wut hervorrufen. Der erfolgreiche Small Talker muss die Interessen seiner Gesprächspartner berücksichtigen, ergo sich zunächst vergewissern, ob der andere sich wirklich für Briefmarken, tote Käfer, Häkeldeckchen oder mittelhochdeutsche Lyrik begeistern kann, bevor er einen oder mehrere dieser Punkte anschneidet.

Doch zurück zum Reisen. Es gibt unendlich viel zu erzählen, aber auch zu fragen. Wobei – wie bei jedem anderen Thema auch – Intensität und Zielrichtung der Fragen natürlich auf das Gegenüber abgestimmt werden sollten. Sonst wirkt das Interesse des Fragestellers schnell wie Neugier.

Außerdem bieten Fragen zum Thema Reisen eine gute Möglichkeit zur Imagebildung. Mit der Frage »Ach sagen Sie, welche Museen haben Sie sich in Madrid angeschaut?« hinterlassen Sie beim Gesprächspartner natürlich einen anderen Eindruck, als würden Sie sich erkundigen: »Erzähl mal, wo gab es denn das billigste Bier?« Aber Vorsicht, nicht jeder hat Lust, mit Ihnen zu erörtern, ob die Impressionisten im Museo Thyssen-Bornemisza nun über- oder unterrepräsentiert sind. Wenn Sie nicht aufpassen, gelten Sie schnell als überkandidelt.

Was fragt man also denjenigen, der gerade von einer Reise zurückgekommen ist? »Wie war denn das Wetter?« ist zum Einstieg gar nicht so dumm, weil der Gesprächspartner dann zunächst ein paar Eindrücke wiedergeben wird. Anschließend kann man mit seinen Fragen durchaus zeigen, dass man sich nicht nur für Sonne, Strand und

Meer interessiert: Kommt man als Tourist leicht in Kontakt mit den Einheimischen? Kann man sich auf Englisch verständigen?

Mit solchen Fragen sorgt man nicht nur für eine angeregte Unterhaltung, sondern erfährt hoffentlich auch das eine oder andere über das jeweilige Land. Ganz bestimmt bekommt man einen Einblick in die Persönlichkeit desjenigen, der dort war. Hören Sie fünf Minuten lang aufmerksam zu, wenn Menschen von ihrem Urlaub erzählen, und Sie haben ein recht genaues Bild von ihnen.

Sport

Wissen Sie, wer bei der Fußball-WM 1954 in der Schweiz, beim Spiel Deutschland gegen Ungarn das dritte Tor für Deutschland geschossen hat? Großartig, denn dann steht angeregten Diskussionen über aktuelle und frühere Fußballereignisse nichts mehr im Wege, wenn Sie auf andere Fans treffen. Sport ist ein wunderbares Small-Talk-Thema, vorausgesetzt, beide Gesprächspartner begeistern sich für die gleiche Sportart. Anders als bei den Small-Talk-Dauerbrennern »Was machen Sie beruflich?« und »Woher kommen Sie?«, zu denen jeder etwas sagen kann, sollten Sie bei Sportthemen nicht davon ausgehen, dass Ihr Gegenüber Ihr Interesse teilt.

Treffen Fußballfans aufeinander, ist die Themenpalette unendlich: Wird nun Bayern oder Schalke Deutscher Meister? Hat auch Hertha noch eine Chance? Bleibt Deisler in Berlin oder wechselt er nach München? Steigt Frankfurt oder Bochum ab? War die rote Karte im Spiel gestern gerechtfertigt oder hatte der Schiedsrichter keine Ahnung? Alles Fragen, die manchen unter den Nägeln brennen, viele andere jedoch absolut kalt lassen.

Falls Sie als Sportlaie auf einen passionierten Sportler treffen, macht es wenig Sinn, mühsam angelernte Pseudokenntnisse abzuspulen und Interesse an den Fußballergebnissen des Wochenendes vorzutäuschen. Trotzdem wird es genug Ansatzpunkte für eine angeregte Unterhaltung geben. Fragen Sie Ihren Gesprächspartner doch einfach, ob er sich die Bundesliga-Spiele im Pay-TV anschaut. Wird er sich um Karten für die Weltmeisterschaft 2006 bemühen? Fährt er auch zu

Uefa-Pokal-Spielen seiner Mannschaft oder verfolgt er das Geschehen am ehesten im Radio? Was hält er von den Stadion-Umbauten, über die Sie neulich in der Zeitung lasen? Um sich über Sport zu unterhalten, muss man kein Experte, sondern einfach nur aufgeschlossen sein. Letztlich haben Sie es mit Ihren Fragen in der Hand, ob das Gespräch für Sie interessante Erkenntnisse bringt oder Sie fast zu Tode langweilt.

Autos

Man ist sich in den Medien nicht ganz einig: Mal heißt es, den Deutschen sei nichts so wichtig wie das Reisen, am nächsten Tag ist die Rede vom Auto als »des Deutschen liebstes Kind«. Tatsache ist in jedem Fall, dass sich die meisten Menschen für beides interessieren. Also sind Autos ein großartiges Small-Talk-Thema. Auch wer selbst keins hat, wird vermutlich von dem einen oder anderen Modell träumen, sei es nun der neueste BMW X5 oder das uralte Citroën-Cabriolet.

Ein Aspekt, der alle Autofahrer berührt, ist der steigende Benzinpreis. Gegebenenfalls lässt sich auch darüber philosophieren, wobei man allerdings darauf achten sollte, dass das Gespräch nicht zu sehr ins Politische abdriftet, denn – wie auch an anderer Stelle erwähnt – Politik ist ein denkbar ungeeigneter Gegenstand für nette Small-Talk-Plaudereien.

Literatur

Das ist ein schwieriges Thema. Selten werden Sie auf jemanden treffen, der ausgerechtet das Buch gelesen hat, für das Sie sich gerade besonders begeistern. Von *Harry Potter* haben die meisten schon gehört, aber Henry James' *Bildnis einer Dame* ist leider nur sehr wenigen Menschen bekannt.

Als Einstieg in das Gebiet Literatur eignet sich vielleicht noch am ehesten die Frage: »Haben Sie gestern das Bücherjournal gesehen?«

Wer sich überhaupt für Literatur interessiert, schaut sich vermutlich diese Sendung an. Da lässt sich dann wunderbar debattieren, welche der Besprechungen die eigene Neugier wecken konnte. Bei der Gelegenheit kann man auch diskutieren, welcher der Teilnehmer der Runde am glaubwürdigsten erschien.

Falls Sie mit dem Zug unterwegs sind, im Flugzeug reisen oder sich im Wartezimmer langweilen, und Ihr Sitznachbar hält ein Buch mit einem viel versprechenden Titelbild in der Hand, kommen Sie leicht ins Gespräch, indem Sie ganz einfach fragen: »Können Sie mir das Buch, das Sie da gerade lesen, empfehlen? Scheint ganz spannend zu sein, wenn ich Sie so beim Lesen betrachte.«

Kunst

Wir erwähnten es bereits einige Male: Beim Small Talk sollte es nur am Rande darum gehen, die Zeit totzuschlagen. Wenn wir uns unterhalten, interessieren in erster Linie die Themen und unsere Beiträge zu diesen Gebieten. Da Small Talk immer auch Selbstdarstellung bedeutet, liegt es auf der Hand, dass man am sinnvollsten Dinge anspricht, die für ein positives Image sorgen.

Wer im Gespräch durchblicken lässt, dass er sich für Kunst interessiert, kann damit in der Regel Pluspunkte sammeln. Es versteht sich von selbst, dabei Rücksicht auf die Interessen seines Gegenübers zu nehmen. Hat man den Eindruck, dass der andere sich vor allem für prosaischere Dinge, wie zum Beispiel Catchen oder Kegeltouren mit Freibier interessiert, muss man ihn nicht ausgerechnet fragen, ob er schon in der gerade eröffneten Ausstellung in der Nationalgalerie gewesen sei. Schließlich will man nicht aufgeblasener erscheinen als nötig.

Für viele andere Gesprächssituationen aber gilt: Wer Kunstinteresse erkennen lässt, ist interessant und interessiert. Außerdem bieten Gespräche über Kunst die wunderbare Gelegenheit, Kontakte zu vertiefen. Falls sich ein gemeinsames Interesse an dem einen Museum oder dem anderen Künstler herauskristallisiert, kann man anregen, am nächsten Wochenende gemeinsam eine Ausstellung zu besuchen. Natürlich muss man sich überlegen, ob der Gesprächspartner diesen Vorschlag voraussichtlich begeistert annehmen wird oder als zu aufdringlich empfinden könnte.

Filme und Fernsehen

Viele Menschen gehen gern ins Kino. Andere sehen fern oder schauen sich Videos an. Mit anderen Worten: Für Filme interessiert sich im Grunde jeder. Der eine mag Heinz Rühmann, der andere Bruce Willis. Was liegt also näher, als darüber zu reden. Wie schon beim Thema Kunst kann man auch Filme dazu nutzen, Small-Talk-Kontakte zu vertiefen. Den Film, der gerade mit fünf Oscars prämiert wurde, möchten bestimmt auch andere gern sehen. Warum geht man da nicht gleich gemeinsam ins Kino? Ein schönes Beispiel für Networking.

Vorbei sind die Zeiten, als man sich in Deutschland mit drei Fernsehprogrammen begnügen musste und sonnabends die halbe Nation gebannt Kulenkampffs »Einer wird gewinnen« verfolgte. Trotzdem gibt es immer noch Shows, die von vielen gesehen werden. Warum also am nächsten Tag im Büro nicht darüber reden? Gute Frage, die man von Fall zu Fall beantworten wird.

Mit einzelnen Sendungen, aber auch mit ganzen Fernsehstationen, ist immer auch ein bestimmtes Image verbunden. Wer Kulturprogramme anspricht, die auf Arte laufen, riskiert unter Umständen, als »Möchtegern-Intellektueller« eingestuft zu werden. Mehr Sympathiepunkte gewinnt man vermutlich mit dem Bekenntnis, süchtig nach der einen oder anderen Seifenoper zu sein. Niemand wird daraus gleich folgern, Sie seien geistig minderbemittelt.

Nachrichten

Lesen Sie in der Tageszeitung nur den Kulturteil? Kein Problem, denn auch dort gibt es genug interessante Themen, die Sie in Small Talks ansprechen können. Mehr Anregungen bekommt man vermutlich auf der Seite »Vermischtes aus aller Welt«. Ob man sich aus all den Meldungen dort allerdings gerade die Affäre des Sportlers X mit der Sängerin Y als Gesprächsaufhänger herauspicken wird, ist Geschmackssache. Letztlich zeigt man damit seinem Gesprächspartner, wie sehr man sich für die Privatangelegenheiten anderer interessiert. Will man dieses Image haben? Meldungen wie »Unbekannte erbeuten Koffer mit Diamanten aus parkendem Auto« sind da unverfänglicher.

Aktien und Geldanlage

Über Geld redet man nicht. Da mag es manchen überraschen, wie Aktien, Investmentfonds oder die Geldanlage überhaupt in den letzten Jahren selbst unter flüchtigen Bekannten zu beliebten Gesprächsthemen werden konnten. Ein Grund dafür ist sicherlich, dass man auf diese Weise zeigen kann: »Hallo, ich gehör dazu. Ich bin auf der Höhe der Zeit, bin keiner der Zurückgebliebenen, die ihre armseligen Groschen noch auf Sparbüchern deponieren.«

Wer Glück hat, verdoppelt in kurzer Zeit sein eingesetztes Kapital. Und über dieses Geschick spricht man dann natürlich auch gern. Außerdem ist der Aktienmarkt ständig in Bewegung. Und es gibt Hunderte von verschiedenen Anlagestrategien, über deren Vor- und Nachteile man wunderbar streiten kann (Halt – das wollen wir beim Small Talk doch gerade vermeiden!).

Eines sollten Sie allerdings beim Thema Aktien beachten: Modethema hin, Modethema her, jeder spricht über Aktien, aber keiner sagt, ob er nun eine oder 50.000 Aktien besitzt und was er in letzter Zeit genau gewonnen oder eben häufig auch verloren hat, zumindest nicht beim Small Talk. Halten auch Sie sich unbedingt an diese Regel! Überlassen Sie es der Fantasie Ihres Gesprächspartners, wie es in Ihrem Aktiendepot aussieht.

Computer, Internet und Handys

Auch wenn Geld normalerweise kein Thema ist, spricht man durchaus über empfehlenswerte Internet-Provider und günstige Telefonanbieter. Wenn der Gast neben Ihnen auf der Party gerade seine SMS-Nachrichten checkt (ob das auf gute Manieren hinweist, ist eine ganz andere Frage, es kommt jedenfalls immer mal wieder vor), bietet sich die Frage an, ob er mit seiner Telefongesellschaft zufrieden sei. Bei der Vielzahl von Anbietern und Tarifen ist es in jedem Fall interessant, Erfahrungen auszutauschen. So schlagen Sie zwei Fliegen mit einer Klappe: Sie zeigen sich kommunikativ und bekommen nützliche Hinweise.

Computer sind ebenfalls ein dankbares Small-Talk-Thema. Gerade wenn Macintosh-Jünger auf Windows-Verfechter treffen, lässt sich wunderbar debattieren, was für das eine und gegen das andere Betriebssystem spricht. Doch Vorsicht: Behalten Sie bei solchen »Grundsatz-Diskussionen« stets im Auge, dass Sie beim Small Talk Sympathien gewinnen wollen. Sonst laufen Sie Gefahr, als verbohrt und rechthaberisch dazustehen.

Interessant ist sicherlich auch die Frage, in welchen Situationen Computer die Arbeit erleichtern und wann sie einen mit Abstürzen, Systemfehlern und Kompatibilitätsproblemen an den Rand eines Nervenzusammenbruchs bringen. Natürlich ist es fantastisch, dass Sie Ihrem Bekannten in Buenos Aires innerhalb weniger Sekunden eine Datei mit Ihrem Beitrag für die wissenschaftliche Fachzeitschrift mailen können. Auf dem Postweg würde das Wochen dauern oder eben überhaupt nicht ankommen. Wenn der Freund in Argentinien dann aber die berühmte Büroklammer anklickt und nichts öffnet sich, macht das keinen Spaß mehr.

Und auch hier noch einmal der Hinweis: Man kann solche unerfreulichen Erfahrungen durchaus ansprechen, aber man sollte nicht stundenlang darüber lamentieren. Vor allem muss der Tenor erkennbar bleiben, dass Sie prinzipiell positiv an die Dinge herangehen. Schildern Sie diese kleinen Ärgernisse mit einem Schmunzeln. Zeigen Sie, dass Sie darüber lachen können.

Möbel

»Sag nicht, du hast dir diesen komischen Fernsehsessel neu gekauft. Der Dachboden meiner Großmutter ist voll von solchem Zeug. Hättest du nur was gesagt!« – Was für den einen aussieht wie ein altmodischer Stuhl, ist für den nächsten der Lounge Chair von Ray und Charles Eames, den er seit Jahren schon haben wollte und nun endlich bekommen hat. Wenn zwei Architekturkenner aufeinander treffen, werden Sie stundenlang erörtern, ob Arne-Jacobsen-Stühle schwarz sein müssen oder auch rot sein dürfen, ob Eileen Gray oder Marcel Breuer den besseren Tisch entworfen hat und welcher Möbelhändler den besten Service bietet.

Wer von Möbeln im Wesentlichen erwartet, dass man auf ihnen sitzen kann oder dass sie das Geschirr vor Staub schützen, der wird sich unendlich langweilen, wenn Sie ihm erzählen, der Barcelona-Sessel von Mies van der Rohe müsse alt sein, um gut auszusehen.

Wie für die meisten anderen Themen gilt auch hier, dass man auf die Reaktionen des Gesprächspartners achten sollte, bevor man sich in Ekstase redet.

Eine typische Situation, die Ihre Small-Talk-Fähigkeiten fordert, ist die Wohnungs- oder Hauseinweihung. Angenommen, Ihr Kollege, der neu in der Stadt ist, lädt Sie und vierzig andere Leute in seine neue Wohnung ein. Das macht er sicherlich, um Ihnen eine Freude zu bereiten und weil er neue Kontakte knüpfen will. Vor allem erwartet er aber eines: Er möchte von den Anwesenden hören, wie großartig sein neues Zuhause ist, welch glückliche Hand er bei der Wahl der Wohnung gezeigt hat, wie sehr man ihn um die fantastische Wohnlage beneidet und was für einen tollen Geschmack er bei der Einrichtung bewiesen hat.

Gleichgültig, was Sie im Einzelfall wirklich über das Ganze denken: Als höflicher und geübter Small Talker kommen Ihnen keine Äußerungen wie »hässlich«, »Mein Geschmack ist das nicht«, »Mir wäre das viel zu laut hier« über die Lippen. Kommunikationsprofis drücken sich subtiler aus. »Herzlichen Glückwunsch. Sehr gemütlich haben Sie es hier!« ist vielleicht die netteste Umschreibung für: »Wo in aller Welt kommen bloß diese Riesenschrankwand und die bunte Couchgarnitur her?«

... und eine Million anderer Themen

Im Grunde ist jedes Thema small-talk-tauglich, solange es die folgenden Kriterien erfüllt. Small-Talk-Themen sollten

> den anderen neugierig machen,
> einen selbst interessieren,
> nicht von vornherein kontroverse Diskussionen erwarten lassen und
> Tabus ausklammern.

Wie es Ihnen selbst geht, was Sie gerne essen und wo Sie am liebsten Urlaub machen, wissen Sie bereits. Fragen Sie Ihre Mitmenschen! Das kann spannend und informativ sein. Und Ihr Gegenüber freut sich, dass Sie seine Meinung interessiert. Hier einige beliebte und Erfolg versprechende Small-Talk-Fragen für viele Gelegenheiten:

> Wie geht es Ihnen?
> Wie geht's der Familie?
> Und was macht Ihre kleine Tochter?
> Wie läuft's im Job?
> Haben Sie gestern das Fußballspiel gesehen?
> Wir wollen morgen ins Kino. Haben Sie in letzter Zeit einen empfehlenswerten Film gesehen?
> Wie war denn die Geburtstagsfeier gestern Abend?
> Wie hat es Ihnen denn in dem neuen Restaurant gefallen, auf das Sie so neugierig waren?
> Ich brauche Ihre Hilfe. Was schenke ich bloß meiner Cousine zur Hochzeit?
> Sie sehen so erholt aus. Waren Sie im Urlaub?
> Wie haben Sie sich in Ihrer neuen Firma eingelebt?
> Werden in Ihrer Branche derzeit eigentlich neue Leute eingestellt?
> Was mögen Sie an Ihrem Job besonders?
> Haben Sie schon Pläne fürs Wochenende?
> Wie beurteilen Sie die Zukunftsaussichten für den E-Commerce?

Ergänzen Sie die Liste um eigene Fragen. Denken Sie dabei an Themen, die die meisten Menschen, aber auch Sie selbst interessieren – leider ist das nicht immer ein und dasselbe. Mit diesem Grundstock an Fragen sind Sie für jeden Small Talk gerüstet. Sie stehen dann nie wieder vor der panischen Überlegung: »Worüber sollen wir bloß reden?«

Tabuthemen

Geld

»Beim Geld hört die Freundschaft auf.« Eine Spruchweisheit, an der leider etwas Wahres dran ist. Denn Sie können sicher sein: In den Augen Ihrer Mitmenschen liegt mit Ihrem Einkommen so einiges im Argen. Sie werden nicht häufig auf jemanden treffen, der glaubt, Sie verdienten so viel, wie Sie verdienen. Entweder wird man in Ihrer Umgebung das Gefühl haben: »Das kann ja wohl nicht angehen. Dieses Faultier schießt ein Foto von Prinzessin XY, was ungefähr eine Sekunde dauert, und verkauft es für 50.000 Euro an eine Bildagentur. Dafür muss ich mehr als ein ganzes Jahr schuften!«, oder aber: »Schau dir den an, das arme Würstchen wird absolut ausgebeutet. Seit einem halben Jahr macht er ein Praktikum in der PR-Agentur, kommt keinen Abend vor Zehn nach Hause und bekommt nur lausige 400 Euro im Monat.« Kurz: Entweder man ist neidisch oder man hält Sie für beschränkt, wenn Sie erzählen, wie viel Sie verdienen.

Die Höhe Ihres Gehalts sollten Sie deshalb besser niemandem auf die Nase binden. Die meisten Menschen sind taktvoll und intelligent genug und werden Sie nicht danach fragen. Und falls doch mal jemand seine Neugier nicht zügeln kann, müssen Sie ja nicht gleich schnippisch kontern: »Ich glaube nicht, dass Sie das etwas angeht!« Versuchen Sie es mal mit einem freundlichen entwaffnenden Lächeln: »Sie kennen das bestimmt. Man würde immer gerne mehr verdienen. Aber im Großen und Ganzen bin ich recht zufrieden, vielen Dank.«

Eine Ausnahme gibt es jedoch. In Zeiten, in denen immer mehr Menschen freiberuflich arbeiten, kann man mit guten Freunden, denen man vertraut und die in derselben Branche tätig sind, das Thema Geld aus Orientierungsgründen durchaus einmal anschneiden. Wenn Honorare frei verhandelbar sind, braucht man schließlich Anhaltspunkte. Aber das hat dann im Grunde nichts mehr mit Small Talk zu tun. Außerdem werden Ihre Freunde in der Regel übertreiben, wenn sie von ihren Einnahmen sprechen. Schließlich wollen sie nicht wie die letzten Deppen dastehen. Erfolg wird nun einmal gern am Geld gemessen. Und wer will nicht als erfolgreich gelten!

Krankheiten

Natürlich freuen Sie sich mit dem Kollegen, der nach vierwöchiger Krankheit an den Arbeitsplatz zurückkehrt, dass es ihm besser geht. Aber schon die Frage »Nun erzählen Sie mal, was Sie genau hatten?« ist natürlich tabu, denn damit betritt man ein sehr persönliches Terrain. Außerdem will man beim Mittagessen in der Kantine vielleicht auch gar nicht wirklich hören, wie die Blinddarmentzündung im Detail verlief.

Falls andere das Bedürfnis haben, über ihre Krankheiten zu reden, wird man sich das bis zu einem gewissen Punkt vermutlich geduldig anhören. Sollten diese Berichte allerdings zu lang ausfallen, wechseln Sie einfach geschickt das Thema. Wie das funktioniert, haben wir weiter vorn im Buch bereits anschaulich dargestellt.

Wenn Sie selbst einmal krank sind, werden Sie das gegenüber guten Freunden sicherlich kurz erwähnen. Dafür hat man schließlich Freunde, dass sie einem auch in schwierigeren Zeiten zur Seite stehen. Aber selbst engen Bekannten sind keine stundenlangen Schilderungen darüber zuzumuten, was der Arzt nun gesagt hat und welche Pillen man wann schlucken muss.

Politik

Dass die Vorsitzende eine neue Frisur gebrauchen könnte und die Verbraucherministerin ganz schön abgenommen hat, seit sie ihr Amt antrat, sind recht harmlose Kommentare. Aber unversehens wird dann doch über Spendenaffären und Steinewerfen diskutiert, und das hat dann nichts mehr mit Small Talk zu tun. Nicht nur über Geschmack lässt sich streiten, auch über Politik. Es sei noch einmal wiederholt: Streitgespräche sind wichtig, aber nicht dazu angetan, Sympathien zu gewinnen, und darum geht es nun mal beim Small Talk vorrangig.

Sie sind aber alt/dick/grau geworden!

»Oh, hallo, Frau Petersen! Sind Sie das wirklich? Wir haben uns ja ewig nicht gesehen! Ich hätte Sie beinahe gar nicht erkannt. Na, Sie sind ja auch nicht jünger geworden.« Kein Beispiel für eine gelungene Gesprächseröffnung, und Sie können auch nicht davon ausgehen, mit Ihrer scharfsinnigen Beobachtungsgabe dem anderen eine Freude bereitet zu haben.

In einer Zeit, in der manche Achtzigjährigen am liebsten noch für vierzig gehalten werden möchten und sich aus diesem Grunde auch der einen oder anderen Operation unterziehen, kann man sich ausrechnen, wie sich der andere fühlt, wenn Sie ihn als alt abstempeln. Für solche Bemerkungen wird er Sie fünf Jahre später noch hassen. Auch mit Adjektiven wie »dick, grau, blass, müde« steigern Sie nicht gerade die Laune Ihrer Mitmenschen. Am hilfreichsten ist es immer, sich an seine eigenen Gefühle zu erinnern, als einem zuletzt solche Nettigkeiten an den Kopf geworfen wurden.

Wenn Sie also morgen einen Pickel auf der Nase Ihrer Kollegin Petra entdecken, behalten Sie das einfach für sich. Sie wird auf Ihr Mitgefühl verzichten können. Mit Small Talk hat das jedenfalls nichts zu tun, wenn Sie anderen den Tag vermiesen.

Etwas anderes ist es, wenn der Kollege, der das Büro gerade für ein Kundengespräch verlassen will, Zahnpastareste um seinen Mund herum verteilt hat. Er freut sich vermutlich über Ihren Hinweis, vor seinem Termin noch einmal kurz in den Spiegel zu schauen.

Sie erinnern mich an Julia Roberts!

Möchten Sie aussehen wie der Schauspieler Jude Law? Jetzt denken Sie vermutlich entweder: »Wer soll das denn sein?«, oder Sie grummeln: »Lass mich bloß mit diesem arroganten Schönling in Frieden.« Und dabei wollte Ihnen die junge Frau auf der Party doch nur ein Kompliment machen, als sie diesen Vergleich anstellte.

Was wir mit diesem Beispiel zeigen wollen? Am liebsten ist jeder Mensch er selbst, zumindest, sobald er ein bestimmtes Alter erreicht hat. Dass ein paar Millionen Girlies sich derzeit als Britney-Spears-Verschnitte zur Schau stellen, ist eine andere Geschichte. Morgen werden sie ein anderes Idol kopieren.

Sie können die charmante Lady auf der Cocktailparty vergleichen mit wem Sie wollen, es wird garantiert verkehrt sein. Ihnen mag es regelmäßig die Sprache verschlagen, wenn Julia Roberts auf der Leinwand erscheint. Ihre Gesprächspartnerin allerdings wird auf diesen Vergleich verzichten können. Barbara Kaufmann ist Barbara Kaufmann. Punkt. Vergleiche hinken, das sollte man sich immer wieder ins Gedächtnis rufen.

Über gemeinsame Bekannte lästern

Zugegeben: Spaß macht's schon, das Lästern: »Wenn ich Ihnen gleich erzähle, mit wem ich Herrn Schneider gestern Abend im Kino gesehen habe, fallen Sie tot um.« Das können Sie ja nicht wirklich wollen. Behalten Sie es also einfach für sich. Nun ist es natürlich weltfremd, zum kompletten Verzicht aufs Tratschen aufzufordern. Schließlich nutzt man immer wieder gern Gelegenheiten, auf vermeintliche Schwächen der anderen hinzuweisen, steht im Hintergrund doch auch immer die Einschätzung: »So etwas würde mir nie passieren. Ich bin da anders, klüger, habe mehr Stil und benehme mich besser.«

Wenn es also nicht ganz ohne Lästern geht, dann sollte man zumindest gewisse Grenzen nicht überschreiten. »Haben Sie gesehen, was für unmögliche Schuhe Frau Wiese heute schon wieder trägt. Die Frau hat ja nun wirklich überhaupt keinen Geschmack« ist als Kommentar bereits dumm genug. Aber wenn man sich schon das Maul zerreißen muss, dann möglichst nur über Äußerlichkeiten. Gehen Sie am besten davon aus, dass Ihre Anmerkungen irgendwann bei Frau Wiese landen werden. Wenn Sie also Kritiken wie »Frau Wiese ist ja wohl die unangenehmste Kollegin, die man sich vorstellen kann« äußern, bringen Sie sich noch in weit größere Schwierigkeiten.

Noch etwas muss man bei Klatschgeschichten immer bedenken: Ihr Gesprächspartner, dem Sie so etwas »anvertrauen«, denkt gleich einen Schritt weiter. Er wird sich fragen, was Sie wohl über ihn in Umlauf bringen, wenn Ihnen schon zur Kollegin Wiese so wenig Schmeichelhaftes einfällt. Das Vertrauensverhältnis haben Sie damit angekratzt, vielleicht sogar zerstört. Rechnen Sie in Zukunft lieber nicht mehr damit, dass man Ihnen größere Geheimnisse als die Wettervorhersage fürs Wochenende mitteilen wird.

Partys sind keine kostenlosen Sprechstunden

Sie haben einen lauten Nachbarn, Ihr linkes Knie schmerzt oder Sie überlegen gerade, Ihre Wohnung umzubauen. Und wer steht auf dem Empfang neben Ihnen? Richtig, der Anwalt für Mietrechtsfragen, der Sportchirurg oder die Architektin. »Schön«, denken Sie, »so günstig komme ich nie wieder an Ratschläge. Die Experten freuen sich garantiert, wenn Sie endlich mal von ihrer Arbeit erzählen können. Außerdem sind das Themen, die auch die anderen Gäste interessieren werden. So kommt dann gleich ein lebhafter Small Talk in Gang.«

Halt! Geburtstage sind keine kostenlosen Beratungstermine. Wer sich 60 Stunden in der Woche in der Klinik um Knochenbrüche kümmert, der will auch mal von seinem Beruf abschalten. Wenn Sie möchten, dass er Ihr Knie genauer untersucht, dann nicht zwischen kaltem Büfett und Festansprache. Fragen Sie ihn einfach, wann Sie in seine

Praxis kommen dürfen. Dagegen wird kein Arzt etwas einzuwenden haben.

Warum manches nur mit guten Freunden besprochen werden sollte

Wohl dem, der gute Freunde hat! Denn leider gibt es immer wieder Dinge, die nicht so laufen, wie man sich das wünscht. Und diesen Ärger sollte man möglichst nicht in sich hineinfressen, denn auf Dauer kann das krank machen. Wie heißt es doch so schön: Geteiltes Leid ist halbes Leid. Jedoch gerade bei privaten Problemen sind Kollegen meistens die falschen Ansprechpartner. Der verständnisvollen Kollegin, die anbietet: »Na, nun berichten Sie mal, was Sie bedrückt. Sie sehen ja schon seit Tagen ganz blaß aus!«, sollte man nur dann sein Herz ausschütten, wenn man weiß, dass sie auch etwas für sich behalten kann.

Vorsichtshalber ist davon auszugehen, dass sich diese Dame nicht nur mit einem Kollegen, sondern auch mit den meisten anderen bestens versteht. Spätestens beim Mittagessen in der Kantine verbreitet es sich dann wie ein Lauffeuer: »Der Meier erzählte mir heute früh, dass seine Frau sich scheiden lassen will. Aber erzählt das bloß nicht weiter!«

Die Moral von der Geschichte: Manche Themen haben im Small Talk absolut nichts zu suchen, auch wenn sie einem noch so sehr unter den Nägeln brennen. Über private Schwierigkeiten sollte man nur mit Freunden sprechen. Jede Ihrer Äußerungen im Berufsleben ist ein Mosaikstein des Bildes, das sich Ihre Kollegen und Geschäftspartner von Ihnen machen. Wenn Sie den Eindruck vermitteln, Privates nicht in den Griff zu bekommen, wird man Ihnen diese Fähigkeit auch in der Arbeitswelt absprechen. Und das ist keine gute Basis für den weiteren Karriereverlauf. Nun muss man nicht gleich so tun, als lebe man in einer perfekten Welt. Das nimmt einem ohnehin niemand ab, aber es sollte erkennbar sein, dass man Konflikte bewältigen kann.

Small Talk kann man lernen

Wenn Sie das Gefühl verlieren wollen, Small Talk sei eine Kunst, die nur sehr wenige beherrschen, dann beobachten Sie einfach Kommunikationstalente. Sie werden feststellen, dass diese Profis nichts machen, was sich nicht erlernen ließe. Versierte Gesprächspartner hören zu, erzählen fesselnde Geschichten und verbreiten gute Laune. Aber auch diese Experten sind nicht pausenlos originell, spritzig, witzig und intelligent. Auch sie berichten mal von Erlebnissen, die den Zuhörer langweilen; auch ihnen rutscht gelegentlich ein Kommentar heraus, der in dieser Form besser nicht gefallen wäre. Nobody is perfect.

Stecken Sie Ihre Kommunikationsziele also nicht zu hoch. Erwarten Sie nichts Unmögliches von sich selbst und von anderen. Gehen Sie unverkrampft an Small-Talk-Situationen heran. Freuen Sie sich einfach darauf, Neues zu erfahren und Menschen näher kennen zu lernen. Small Talks können absolut spannend sein.

Eines wurde im Verlauf des Buches sicherlich deutlich: Small Talks sind alles andere als Pausenfüller und überflüssiges Geschwätz! Wenn wir ein gutes Verhältnis zu unseren Mitmenschen aufbauen wollen, dann beginnt das in aller Regel mit Small Talk. Wer genau zuhört, erfährt in kürzester Zeit ungeheuer viel über seinen Gesprächspartner. Aber natürlich gilt dies auch umgekehrt: Wenn wir etwas erzählen, lernt der andere uns ebenfalls sehr schnell kennen.

Small Talks haben sehr viel mit Spaß zu tun. Wenn man Unterhaltungen nicht genießt, dann läuft einiges falsch. Mit unserer abschließenden Liste laden wir Sie ein, Ihr Small-Talk-Geschick jederzeit zu überprüfen. Hier finden Sie also noch einmal im Überblick, was Gespräche erfolgreich macht.

Die 20 wichtigsten Small-Talk-Regeln:

1. Der Gesprächspartner steht im Mittelpunkt und soll sich im Gespräch wohl fühlen.
2. Lassen Sie alles andere stehen und liegen, konzentrieren Sie sich ganz auf Ihr Gegenüber.
3. Lassen Sie den anderen immer ausreden.
4. Hören Sie zu und gehen Sie auf das Gesagte ein.
5. Schneiden Sie keine Themen an, die Sie absolut nicht interessieren.
6. Halten Sie Blickkontakt.
7. Treten Sie selbstbewusst auf.
8. Understatement ist sympathischer als Prahlerei.
9. Glauben Sie nicht, zu jedem Thema eine eigene Geschichte erzählen zu müssen.
10. Achten Sie darauf, wie der andere auf Ihre Worte reagiert.
11. Passen Sie Ihre Geschichten an den Gesprächspartner an.
12. Reden Sie nicht zu laut.
13. Wer lächelt, erscheint sympathisch.
14. Gemeinsam Lachen verbindet, aber bitte nicht auf Kosten Dritter.
15. Erzählen Sie selbst etwas Interessantes, denn niemand will nur ausgefragt werden.
16. Achten Sie als Gastgeber darauf, alle Anwesenden am Gespräch zu beteiligen.
17. Komplimente müssen aufrichtig sein. Als ständige Strategie sind sie unwirksam.
18. Erinnern Sie sich an besondere Interessen Ihrer Gesprächspartner, wenn Sie diese nach einiger Zeit wiedertreffen.
19. Bedenken Sie, dass Sie mit Ihren Aussagen Ihr Image prägen. Achten Sie also auf eine positive Grundhaltung.
20. Bitten Sie andere um Rat. Damit zeigen Sie, dass Ihnen deren Meinung wichtig ist. Außerdem lernen Sie hinzu.

Und noch etwas erscheint uns ganz wichtig:
Wir sind nicht auf der Welt, um so zu sein, wie andere uns haben wollen.

Was Sie noch wissen sollten …

… über uns, die Autoren, unsere Bücher, die Büros für Berufsstrategie in Berlin, Stuttgart und Frankfurt:

Das Autorenteam Hesse/Schrader publiziert seit über 15 Jahren Bewerbungsratgeber und Bücher zu weiteren Themen aus der Arbeitswelt. Im Laufe dieser Zeit wurden mehr als 80 Bücher mit einer Gesamtauflage von etwa 3 Millionen Exemplaren veröffentlicht. Am Anfang stand die erstmalige Veröffentlichung aller gängigen so genannten Intelligenztests und deren kritische Reflexion in dem Buch *Testtraining für Ausbildungsplatzsuchende* (1985). Ebenfalls Neuland im Bereich Überleben in der Arbeitswelt erschlossen ihre Bücher *Die Neurosen der Chefs. Die seelischen Kosten der Karriere* und *Verdienen Sie soviel, wie Sie verdienen? Von Geld, Geltung und Gerechtigkeit.*

Von besonderem Interesse für den Leser dieses Buches sind die Hesse/Schrader-Titel *Networking als Bewerbungs- und Karrierestrategie, Das erfolgreiche Stellengesuch, Telefonieren – der direkte Weg zum neuen Job.* Grundlegend sind auch die Publikationen *Die perfekte Bewerbungsmappe* – Bücher im DIN-A4-Format, die Bewerbungsunterlagen erfolgreicher Kandidaten originalgetreu präsentieren.

Bewerbungsaktionen profitieren von den Titeln *Jobsuchstrategien, Marketing in eigener Sache* sowie *Das erfolgreiche Vorstellungsgespräch.*

Beide Autoren verfügen über langjährige Erfahrung als Seminarleiter von Bewerbungstrainings und bieten nun auch Small-Talk-Seminare an. Ein besonderes Interesse gilt Anti-Mobbing- und Konfliktmanagement-Seminaren.

1992 gründeten Jürgen Hesse und Hans Christian Schrader in Berlin das Büro für Berufsstrategie, das ausschließlich Arbeitnehmer in allen erdenklichen beruflichen Fragen berät und unterstützt.

Wenn Sie persönliche Anregungen wünschen, Rat und Unterstützung brauchen, wenden Sie sich bitte an das Sekretariat des Büros für Berufsstrategie in Berlin, Stuttgart oder Frankfurt oder besuchen Sie unseren Internetauftritt: *www.info@berufsstrategie.de*

Erfolgreich bewerben

berufsstrategie

Klaus Schürmann
Suzanne Mullins
Weltweit bewerben auf Englisch
224 Seiten
ISBN 3-8218-3876-0

Hesse/Schrader
Testaufgaben. Das Übungsprogramm
224 Seiten
ISBN 3-8218-3801-9

Hesse/Schrader
Die überzeugende schriftliche Bewerbung
160 Seiten
ISBN 3-8218-3804-3

Hesse/Schrader
Marketing in eigener Sache
168 Seiten
ISBN 3-8218-3834-5

mit den Bewerbungsprofis

Hesse/Schrader
Das 1x1 der erfolgreichen Bewerbung
108 Seiten
ISBN 3-8218-3802-7

Hesse/Schrader
Das erfolgreiche Vorstellungsgespräch
160 Seiten
ISBN 3-8218-3803-5

Hesse/Schrader
Testtraining 2000plus
508 Seiten
ISBN 3-8218-3800-0

Hesse/Schrader
Arbeitszeugnisse
184 Seiten
ISBN 3-8218-3826-4

Eichborn.
Kaiserstraße 66
60329 Frankfurt
Telefon: 069/25 60 03-0
Fax: 069/25 60 03-30
www.eichborn.de
Wir schicken Ihnen gern ein Verlagsverzeichnis.

Haben Sie innerlich schon
gekündigt?

Vorsicht
Bewerbungsfalle!

Danke Herr Müller, Sie
hören von uns.

Kein Respekt
mehr vor Ihrem Boss?

Das Büro für Berufsstrategie Hesse/Schrader bietet Ihnen individuellen Rat und Unterstützung in allen Fragen zum Thema Beruf und Karriere. Coaching, Potenzialanalyse, Bewerbungsvorbereitung und Seminare bereiten Sie optimal auf Ihren neuen Job vor. Weitere Informationen unter www.berufsstrategie.de oder in unseren Filialen:

berufsstrategie.de
Hesse/Schrader
Oranienburger Str. 4-5
10178 Berlin

Fon 030 / 28 88 57-0
Fax 030 / 28 88 57-36

berufsstrategie.de
Hesse/Schrader
Bettinastr. 14-16
60325 Frankfurt / M.

Fon 069 / 74 30 48 70
Fax 069 / 74 30 48 79

berufsstrategie.de
Hesse/Schrader
Silcherstr. 1
70176 Stuttgart

Fon 0711 / 6 15 49 41
Fax 0711 / 6 66 23 23

berufsstrategie.de
Hesse/Schrader
Heidenkampsweg 45
20097 Hamburg

Fon 040 / 23 60 88 58
Fax 040 / 23 60 85 00

berufsstrategie.de
Die Karrieremacher.